69 Verses

To order additional copies of this book, contact
Partridge India
000 800 10062 62
www.partridgepublishing.com/india
orders.india@partridgepublishing.com

69 Verses

Shivadas Ghoshal

PARTRIDGE
A Penguin Random House Company

Contents

Shivadas Ghoshal

69 Verses

TRANSLATION

of

RABINDRANATH TAGORE'S

A few
SONGS AND POEMS

In

ENGLISH RHYMING POETRY
FORM

By

Shivadas Ghoshal

Preface

The book '69 Verses' is a collection of a few songs and verses from Nobel Laureate Rabindranath Tagore's poems.

These songs and poems are translated into English rhyming poetry form, from the originals. The flavor of music, subtlety of rhyme and rhythm and tinge of color in their original forms defy translation. Most of these 69 verses are from *Gitanjali*—(Song offerings) the book that shook the world, and crowned its Bengali creator with Nobel Prize in 1913, bringing about a Renaissance in Bengal. Human aspirations and emotions expressed in these verses can hardly be translated into English rhymed poetry form without ill at ease. However, with sincere efforts the translator had tried to maintain these essential properties of Tagore's verses while translating into English rhyming poetry form.

Not burdened by the nitty-gritty of professional poetry-craft, this translation may be found to possess a simple natural charm; some un-chiseled rough edges may add to its attraction. Eminent Bengali poet and Tagore scholar, Shri Shankha Ghosh praised this effort.

In view of renewed interest in Tagore, in the English knowing world readers may find this volume of some value. It will give something different from what the reader had been so far frequently coming across.

The following lines represent the translater's fears and aspirations-

With throbbing heart, I truly say,

I had held the pen in hand,

Ignorant of, at the end of the day,

Where I am going to stand!

Attempt to translate Tagore's verses in English rhyming form,

Is like walking on the bed of fire or trying to hold a storm.

However, at last I gathered strength

And decided to make an attempt,

Even if my efforts fail at length

Or, happens to invite contempt!

The 'Subtle Music' in original form

Got subdued, this I could not help,

And for the feel and warmth of language

I can't dare to yelp.

A bit of pain even then if you take

And your eyes on the book you run

Your thoughtful mind without any stake,

May get some pleasure in turn!

Shivadas Ghoshal

- আমার কথা-

আমাদের প্রত্যেকের বুদ্ধি বিবেচনা এবং যোগ্যতার পরিধি আলাদা। এবং এই আবেষ্টন সম্বন্ধে আমরা নিজেরাও যথেষ্ট সচেতন। নিজেদের সেই সীমিত জ্ঞান অনুসারে নিজেদের চার পাসে নিজেদেরই টেনে রাখা এক অদৃশ্য লক্ষণরেখার মধ্যে আবদ্ধ থেকে আমরা কাজ ক'রে যাই কিন্তু সেই সীমারেখার কথা সব সময় মনে রাখা সম্ভব হয়ে ওঠেনা। কখনও কখনও মনের তাগিদে এর ব্যতিক্রমও হয় আর আমরা তখন সেই নির্দিষ্ট সীমারেখাকে অতিক্রম করার দুঃসাহস ক'রে বসি, আর তখনই হয় সমস্যার সৃষ্টি। কবি গুরু রবীন্দ্রনাথের গান ও কবিতাগুলি ইংরাজিতে ছন্দবদ্ধ ক'রে অনুবাদ করতে গিয়ে ঠিক তাই হয়েছে, যে কারণে আমাকে বেশ কয়েকবার বহুবাধা আর অনেক সমস্যার সম্মুখীন হ'তে হ'য়েছে।

আমরা চার পুরুষ ধরে প্রবাসী। এলাহাবাদেই আমার জন্ম, সেখানেই সেন্ট এন্থুনিস কনভেন্ট স্কুলে শিক্ষারম্ভ এবং পরে এলাহাবাদ বিশ্ববিদ্যালয়ের গন্ডি পেরিয়ে চাকুরী জীবনে প্রবেশ। স্কুল- কলেজে থাকাকালীন বাংলা এবং হিন্দীতে ও পরবর্তিকালে ইংরাজিতে মাঝে মধ্যে কবিতা লিখতাম সে গুলি বেশ কয়েকবার স্কুল ম্যাগাজীনে আত্মপ্রকাশও করেছিল তবে সেগুলো আদৌ সাহিত্যপদবাচ্য ছিল বলে মনে হয়না। সাহিত্য- জগতে কোনও দিন উঁকি না দিয়েও রবীঠাকুরের গান এবং কবিতার অনুবাদ করার ঝুঁকি নিয়েছিলাম নিছকই, ঐ যে আগে বলেছি — মনের তাগিদে কিছু ব্যতিক্রম করার দুঃসাহসে আর এই দুঃসাহসিকতার পেছনে আছেন আমার এক বাল্যবন্ধু ডা. শিবেশ চন্দ্র ভট্টাচার্য্য- এলাহাবাদ বিশ্ববিদ্যালয়ের অবসর প্রাপ্ত প্রোফেসর এবং প্রাচীন ইতিহাস বিভাগের অধ্যক্ষের প্রেরণা এবং তাঁর উদ্দীপনা। তাঁরই অনুপ্রেরণার সাথে নতুন কিছু করার আগ্রহে নিজের সেই যোগ্যতার সীমারেখার কথা বেমালুম ভুলে গিয়ে, ঝাঁপ দিয়েছিলাম কবিগুরুর কাব্য- সাগরে। এই প্রচেষ্টাকে পাঠক মহল ধৃষ্টতা, বেয়াদবি নাকি সাদা বাংলায় পাগলামির আখ্যা দেবেন তা পাঠকদের বিচারের উপরই ছেড়ে দিলাম। তবে কাজটি শেষ করতে পেরে আমার মনে যে অনাবিল আনন্দের অনুভূতি হয়েছে তা হয়তো এই কালির আঁচড়ে তুলে ধরা সম্ভব হবেনা।

আমার সশ্রদ্ধ প্রণাম এবং আন্তরিক কৃতজ্ঞতা জানাই শ্রদ্ধেয় কবি শঙ্খ ঘোষ মহাশয়কে। শঙ্খদার নির্দেশনা এবং উৎসাহ এই দুরুহ কাজটিকে এগিয়ে নিয়ে যেতে আমাকে প্রভূত শক্তি ও সাহস জুগিয়েছে। তাঁর মতো একজন বিশিষ্ট সাহিত্যিক, কবি এবং বোদ্ধার কাছ থেকে যে প্রেরণা পেয়েছি তা না পেলে আমার এই প্রচেষ্টা হয়তো সফল হ'তনা।

আমার এই কৃতজ্ঞতা স্বীকৃতির আক্ষরিক রুপায়ন শেষ করার পূর্বে আমাকে বলতেই হচ্ছে যে আমার মত একজন অতি সাধারণ মানুষের পক্ষে শ্রী শঙ্খ ঘোষ মহাশয়ের মতো একজন বিরাট ব্যক্তিত্বের সাথে দেখা করা তাঁকে দেখানো ও ঐ বিষয়ে আলোচনা করার কথা ভাবাই যায়না। কিন্তু তা সম্ভব হ'য়েছিল আরও একটি বিরল ব্যক্তিত্বের অকৃত্রিম আন্তরিক সাহার্য্যে – তিনি হ'লেন চিত্রজগতের অন্যতম উজ্জ্বল নক্ষত্র, নিরহংকারী, সরল এবং উদার প্রকৃতির মানুষ শ্রী সৌমিত্র চট্টপাধ্যায়, তাঁকে জানাই অন্তরের কৃতজ্ঞতা ও শ্রদ্ধা।

প্রত্যেকটি ভাষারই আছে স্বকীয়তা আছে বৈচিত্র ও আপন মাধুর্য্য। তাই একটা ভাষা থেকে অন্য ভাষায় অনুবাদ করতে গেলে 'শব্দানুবাদই' করা হয়। ভাবকেও হয়তো কিছুটা ছোঁয়া যায় কিন্তু মূল ভাষার অন্তর্নিহিত মাধুর্য্য ও প্রাণের স্পন্দনকে পুরোপুরি স্পর্ষ করা বোধহয় যায়না! অনুবাদে মূলভাষার মাধুর্য্যে টান পড়া অনিবার্য্য। অনুবাদের সময় এই দুর্বলতা আমিও এড়াতে পারিনি। ইংরিজি শব্দচয়ন করার সময় আপ্রাণ চেষ্টা করেছি মূল ভাষার প্রতিটি শব্দ ও ভাবএর সব চেয়ে কাছের উপযুক্ত শব্দটিকে বেছে নেওয়ার তবু সংশয় থেকেই যায়, হয়তো আরও ভালো হ'তে পারতো!

আমার এই দুর্বল কিন্তু আন্তরিক প্রচেষ্টার ফল এই বইটি পড়ে যদি পাঠক-কুলের মুষ্টিমেয় পাঠকও আনন্দিত হন তাহলে বুঝব আমার এই অক্লান্ত পরিশ্রম ও প্রচেষ্টা স্বার্থক হয়েছে। ধন্যবাদ।

শিবদাস ঘোষাল

Acknowledgements

My deep regards and indebtedness to Shri Shankha Ghosh-the renowned poet and a Tagore scholar, for sparing several precious hours of his busy schedule in giving me his invaluable advice and guidance to help me shape up my efforts to translate these verses of Tagore in English rhyming poetry form..

My sincere gratitude and thanks to Shri Saumitra Chatterji the celebrated film artist, a reciter of high repute, specially of Tagore's poems and a most helpful gentleman, who got me introduced to Shri Shankha Ghosh for guidance in this hard task.

Last but not the least, I express my ineffable gratitude to my friends, well wishers and relatives from whom I had been all along receiving infallible support and back up. One, who needs special mention is one of my dearest friends Dr.Sibesh Chandra Bhattacharya, retired Professor of University of Allahabad. Dr. Bhattacharya's help and encouragement at every stage of this translation, in spite of having tremendous pressure of his own academic activities, led me to take up and then to complete this challenging job. This book owes a lot to him.

69 Verses

Dedicated in memory of my wife

Sreelekha Ghoshal

1942 - 2008

Oh my soul-mate I wish I could see you,

Still, I thank you for coming in my dream!

You come under cover of mist and dew

Floating lonely on my dreamy stream!

Shivadas Ghoshal

1

আছে দুঃখ, আছে মৃত্যু, বিরহদহন লাগে।

তবুও শান্তি, তবু আনন্দ, তবু অনন্ত জাগে।।

তবু প্রাণ নিত্যধারা, হাসে সূর্য চন্দ্র তারা,

বসন্ত নিকুঞ্জে আসে বিচিত্র রাগে।।

তরঙ্গ মিলায়ে যায় তরঙ্গ উঠে,

কুসুম ঝরিয়া পড়ে কুসুম ফুটে।

নাহি ক্ষয়, নাহি শেষ, নাহি নাহি দৈন্যলেশ-

সেই পূর্ণতার পায়ে মন স্থান মাগে।।

1

There is mourning, there is demise,

There is partings burning feel,

Yet there is peace, there is delight,

The everlasting is awake still.

Still eternal is the flow of life,

Sun, Moon Stars' laugh is rife;

The spring steps into the bower,

Bringing variegated color shower.

Waves keep breaking, and waves keep zooming

Flowers wilt and drop; flowers keep blooming.

There is no decay; there is no end, no penury at the least,

At the feet of that fullness Oh Lord, my mind begs a seat.

Lucknow
18/6/2012

2

আজ জ্যোৎস্নারাতে সবাই গেছে বনে

বসন্তের এই মাতাল সমীরণে ॥

যাব না গো যাব না যে,

রইনু পড়ে ঘরের মাঝে

এই নিরালায় রব আপন কোণে।

যাব না এই মাতাল সমীরণে ॥

আমার এ ঘর বহু যতন ক'রে

ধুতে হবে মুছতে হবে মোরে।

আমারে যে জাগতে হবে,

কী জানি সে আসবে কবে

যদি আমায় পড়ে তাহার মনে

বসন্তের এই মাতাল সমীরণে ॥

2

Today, in this moonlit night, all have gone to woods,

In this spring time breezy and intoxicating interlude!

I will not go, oh dear! I cannot just go,

I will be staying here only, in my room indoor.

In this lonely corner I will have to stay alone,

This intoxicating lovely breeze, I can't help disown.

This room of mine with lot of feel,

I have to clean with care and zeal.

I shall keep awake, in this humdrum,

I know not when he is going to come;

In case he happens to remember me,

In this spring time boozy breezy spree!

Kolkata
28/12/2011

3

আজি ঝড়ের রাতে তোমার অভিসার

পরানসখা বন্ধু হে আমার ।।

আকাশ কাঁদে হতাশ সম,

নাই যে ঘুম নয়নে মম -

দুয়ার খুলি হে প্রিয়তম,

চাই যে বারে বার ।

পরানসখা বন্ধু হে আমার।।

বাহিরে কিছু দেখিতে নাহি পাই,

তোমার পথ কোথায় ভাবি তাই।

সুদূর কোন্ নদীর পারে

গহন কোন্ বনের ধারে

গভীর কোন্ অন্ধকারে,

হতেছ তুমি পার ।

পরানসখা বন্ধু হে আমার।।

Shivadas Ghoshal

3

Today in this stormy night you are out on date

O my loving friend, O my soul mate,

The sky weeps as one in despair,

Sleep in my eyes is nowhere near,

Opening the door, my beloved dear,

I look for you again and again; I am still on wait.

O my loving friend, O my soul mate.

Outside I am unable to see anything,

Where is the way, I am just thinking.

Beyond some river at a long distance,

By the side of some forest seemingly dense

And the darkness all over is quite intense;

You are inching to cross over, in that state,

O my loving friend, O my soul-mate.

Kolkata
21/6/12

4

আজি শ্রাবণ- ঘন-গহন মোহে গোপন তব চরণ ফেলে

নিশার মতো, নীরব ওহে, সবার দিঠি এড়ায়ে এলে।।

প্রভাত আজি মুদেছে আঁখি, বাতাস বৃথা যেতেছে ডাকি,

নিলাজ নীল আকাশ ঢাকি নিবিড় মেঘ কে দিল মেলে।।

কূজনহীন কানন ভূমি, দুয়ার দেওয়া সকল ঘরে -

একেলা কোন্‌ পথিক তুমি পথিকহীন পথের 'পরে।

হে একা সখা, হে প্রিয়তম, রয়েছে খোলা এ ঘর মম -

সমুখ দিয়ে স্বপনসম যেয়ো না মোরে হেলায় ঠেলে।।

4

With deep love like dense clouds, in covert steps, Oh chum!

Maintaining silence as silent night, evading all eyes you have come.

Wind is giving wasteful calls; dawn has closed its eyes,

Who has veiled with thick clouds, that blatant blue sky?

There is no chirping in woodland, and all the doors are closed,

Who are you the lonesome walker on this deserted road?

Oh my lonely friend, my darling, my room is open to thee,

Please do not leave my sight, like a dream, neglecting me.

Kolkata
20/6/12

5

আলো আমার আলো, ওগো
আলো ভুবনভরা,
আলো নয়ন ধোওয়া, আমার
আলো হৃদয়হরা।
নাচে আলো নাচে ওভাই
হৃদয়বীণার মাঝে
জাগে আকাশ ছোটে বাতাস
হাসে সকল ধরা!
আলোর স্রোতে পাল তুলেছে
হাজার প্রজাপতি।
আলোর ঢেউয়ে উঠল্ নেচে
মল্লিকামালতী।
মেঘে মেঘে সোনা, ও ভাই
যায়না মাণিক গোনা
পাতায় পাতায় হাসি ওভাই
পুলক রাশি রাশি।
সুর নদীর কূল ডুবেছে
সুধা নিঝর ঝরা।

5

Light, my light, light Oh dear,
This world is full of light,
The light that cleans the eye with its smear,
Is my heart winning light, very bright!
The light dances, my dear it dances
In the midst of my heart's lute;
Sky is awake, breeze advances,
The entire world is in laughing mood!
On the stream of light, sail was raised
By thousand butterflies,
Lilies and Jasmines started dancing,
Over the waves of light
It disperses gold from cloud to cloud
Scatters gems as uncountable treasure,
It makes the leaves laugh fairly loud,
Gives happiness without any measure;
Banks of Heaven's river gets flooded,
Makes nectar flow as spring in delight!
It is my heart winning light, very bright!

Kolkata
02/10/2012

6

আমার বেলা যে যায় সাঁঝ-বেলাতে

তোমার সুরে সুরে সুর মেলাতে ॥

একতারাটির একটি তারে

গানের বেদন বইতে নারে,

তোমার সাথে বারে বারে

হার মেনেছি এই খেলাতে

তোমার সুরে সুরে সুর মেলাতে ॥

আমার এ তার বাঁধা কাছের সুরে,

ওই বাঁশি যে বাজে দূরে।

গানের লীলার সেই কিনারে

যোগ দিতে কি সবাই পারে

বিশ্বহৃদয় পারাবারে

রাগরাগিণীর জাল ফেলাতে?

তোমার সুরে সুরে সুর মেলাতে?

Shivadas Ghoshal

6

My day is spent; evening sets in with dark coat,

In harmonizing with your tune and musical note,

The *Ektara's* lone string on its own

Agony of the song it can't carry alone.

Again and again I had to court

Defeat to you, in this sport.

To harmonize with your tune and musical note!

My string is tuned to the tune of nearness,

That flute is being played from distance in harness.

At that end of the musical revel

Can all take part in that spell?

In the ocean of universal heart, you tell,

Can all cast the net of musical mode?

To harmonize with your tune and musical code.

Kolkata
4/1/2012

7

আমার এ গান ছেড়েছে তার সকল অলঙ্কার

তোমার কাছে রাখেনি আর সাজের অহঙ্কার।

অলঙ্কার যে মাঝে পড়ে, মিলনেতে আড়াল করে,

তোমার কথা ঢাকে যে তার মুখর ঝঙ্কার।

তোমার কাছে খাটেনা মোর কবির গরব করা,

মহাকবি, তোমার পায়ে দিতে চাই যে ধরা।

জীবন লয়ে যতন করে যদি সরল বাঁশি গড়ি,

আপন সুরে দিবে ভরে সকল ছিদ্র তার।

7

This song of mine has put off, all the ornaments that it wore,

To you it did not put forth the pride of jazzy attire any more.

As ornaments come in between us, obstructing our mingling,

Your whispers get fully suppressed by its garrulous jingling.

It does not suit me to boast as a 'Poet' in front of you, no wonder!

Oh the Master poet I pray, at your feet I wish to surrender.

If I make a simple flute of life with all care and zeal,

You will fill all its holes with the tune of your feel.

Kolkata
10/10/2011

8

আমার এই পথ-চাওয়াতেই আনন্দ।

খেলে যায় রৌদ্র ছায়া বর্ষা আসে বসন্ত।।

কারা এই সুমুখ দিয়ে আসে যায় খবর নিয়ে,

খুশি রই আপন মনে বাতাস বহে সুমন্দ।।

সারা দিন আঁখি মেলে দুয়ারে রব একা,

শুভখন হঠাৎ এলে তখনি পাব দেখা।

ততখন ক্ষণে ক্ষণে হাসি গাই মনে মনে,

ততখন রহি রহি ভেসে আসে সুগন্ধ।।

8

This waiting with expectation, is my only delight,

Watching rain in the wake of summer,

Play of shadow and Sunlight.

Who are they in front of me?

With messages coming and going;

Musing at its pleasure, I see,

Breeze is mildly blowing.

Whole day with eyes wide open

I'll be alone at my door,

When suddenly the auspicious moment comes

I'll have a glimpse of your.

Till that time every now and then,

To myself I laugh and sing,

Till that time sporadically,

Fragrance keeps flowing in.

Kolkata
19/2/2012

9

আমার হিয়ার মাঝে লুকিয়ে ছিলে

দেখতে আমি পাইনি। তোমায় দেখতে আমি পাইনি।

বাহির- পানে চোখ মেলেছি,

আমার হৃদয় পানে চাইনি।

আমার সকল ভালবাসায় সকল আঘাত সকল আশায়,

তুমি ছিলে আমার কাছে, আমি তোমার কাছে যাই নি,

তুমি মোর আনন্দ হয়ে ছিলে আমার খেলায় -

আনন্দে তাই ভুলে ছিলেম কেটেছে দিন হেলায়।

গোপন রহি গভীর প্রাণে আমার দুঃখ- সুখের গানে,

সুর দিয়েছ তুমি, আমি তোমার গান ত গাই নি।.

9

You were hiding in my heart

I couldn't see, I could not just see.

I looked only on the outer part,

Not into the heart in me.

In all my love, all my injuries, in all desires in view,

You were always close to me; I didn't go to you.

In my plays you were there, always as my pleasure,

Hence, I was lost in happiness, passed the days in leisure.

Hiding deep inside my heart, in my songs of joy and misery,

You had tuned those songs alright; I didn't sing those songs for thee.

Kolkata

3/12/2011

10

আমার খেলা যখন ছিল তোমার সনে

তখন কে তুমি তা কে জানত।

তখন ছিল না ভয় ছিল না লাজ মনে

জীবন বহে যেত অশান্ত।।

তুমি ভোরের বেলা ডাক দিয়েছ কত,

যেন আমার আপন সখার মত,

হেসে তোমার সাথে ফিরে ছিলাম ছুটে,

সে দিন কত- না বন- বনান্ত।।

ওগো সেদিন তুমি গাইতে যে সব গান

কোনো অর্থ তাহার কে জানত

শুধু সঙ্গে তারি গাইত আমার প্রাণ

সদা নাচত হৃদয় অশান্ত।।

হঠাৎ খেলার শেষে আজ কি দেখি ছবি-

স্তব্ধ আকাশ নীরব শশি রবি

তোমার চরণ পানে নয়ন করি নত

ভুবন দাঁড়িয়ে আছে একান্ত।।

10

When I had my play days, spent with thee,

I didn't know then who you were,

My life flowed streaming impatiently.

I did not feel shy nor had any fear.

So many times at the crack of the day,

You had called me as a friend, as my comrade,

I had wandered with you happy and gay,

During those days in the forest and glade!

Songs that you would sing those days my dear,

Who would know its meaning by any chance?

With you my soul would sing and cheer

My heart would ceaselessly dance.

Suddenly, today, when the play is done

What's this picture that my eyes meet?

Frozen sky, silent moon and Sun,

World stands in solitude, with eyes on Thy feet.

Kolkata
01/12/2011

11

আমার মাঝে তোমারি মায়া জাগালে তুমি কবি।

আপন- মনে আমারি পটে আঁকো মানস ছবি ॥

তাপস তুমি ধেয়ানে তব কী দেখ মোরে কেমনে কব,

আপন- মনে মেঘস্বপন আপনি রচ রবি।

তোমার জটে আমি তোমারি ভাবের জাহ্নবী ॥

তোমারি সোনা বোঝাই হল, আমি তো তার ভেলা—

নিজেরে তুমি ভোলাবে ব'লে আমারে নিয়ে খেলা।

কণ্ঠে মম কী কথা শোন অর্থ আমি বুঝি না কোনো,

বীণাতে মোর কাঁদিয়া ওঠে তোমারি ভৈরবী।

মুকুল মম সুবাসে তব গোপনে সৌরভি ॥

Shivadas Ghoshal

11

Your magic you have aroused Oh poet within me,

Deeply absorbed on my canvas, draw pictures you mentally see.

Oh the ascetic, in your Meditation,

What you see in me, how can I mention!

The dream-cloud of your own you create Oh Sun,

In your matted hair, I am your Ganges of emotion.

It is your gold only that is loaded; I am just its raft,

To beguile yourself you are using me, as a toy in your craft.

What is that in my voice you hear?

I can't understand its meaning dear!

Your musical code of early hours cries out in my lute,

Your fragrance gives perfume to my buds in secret route.

Lucknow
07/02/2012

12

আমার মাথা নত করে দাও হে তোমার চরণ ধুলার তলে।

সকল অহংকার হে আমার ডুবাও চোখের জলে।

নিজেরে করিতে গৌরব দান, নিজেরে কেবলি করি অপমান,

আপনারে শুধু ঘেরিয়া ঘেরিয়া ঘুরে মরি পলে পলে।

সকল অহংকার হে আমার ডুবাও চোখের জলে।

আমারে না যেন করি প্রচার

আমার আপন কাজে;

তোমারই ইচ্ছা কর হে পূর্ণ

আমার জীবন- মাঝে।

যাচি হে তোমার চরম শান্তি,

পরানে তোমার পরম কান্তি,

আমারে আড়াল করিয়া দাঁড়াও হৃদয়পদ্মদলে।

সকল অহংকার হে আমার ডুবাও চোখের জলে।

12

Put my head down O my Lord, on the dust beneath your feet

In my tears you just drown, all of my conceit

In trying to glorify myself, I keep insulting me,

Again and again around myself I keep moving in this feat

In my tears you just drown all of my conceit.

Self propagation through my work,

I should always ban

You fulfill all your desires

Through my life span.

O Lord I beg for your peace supreme

From my heart I pray for your grace extreme

Covering me you just stand on your heart's lotus seat

In my tears you just drown, all of my conceit.

Lucknow
7/02/2012

13

আমার অভিমানের বদলে আজ নেব তোমার মালা।

আজ নিশিশেষে শেষ করে দিই চোখের জলের পালা॥

আমার কঠিন হৃদয়টারে ফেলে দিলেম পথের ধারে,

তোমার চরণ দেবে তারে মধুর পরশ পাষাণ- গালা॥

ছিল আমার আঁধারখানি, তারে তুমিই নিলে টানি,

তোমার প্রেম এল যে আগুন হয়ে করল তারে আলা।

সেই- যে আমার কাছে আমি ছিল সবার চেয়ে দামি

তারে উজাড় করে সাজিয়ে দিলেম তোমার বরণডালা॥

13

In place of my conceit today I'll take your garland, dear,

At the end of the night on this day, let me end the spell of tears.

This cruel heart of mine, by the side of the road I have thrown,

Your feet will give it a soothing touch, touch that melts a stone!

You have pulled away the darkness; the only thing that was mine,

Your love has come like fire and gave it a brilliant shine!

That I in me, which was very dear and most precious I to me,

Desolating that I, I have decorated the platter to welcome thee.

Lucknow
10/02/2012

14

আমারে তুমি অশেষ করেছ, এমনি লীলা তব,
ফুরায়ে ফেলে আবার ভরেছ, জীবন নব নব।
কত যে গিরি কত যে নদী তীরে,
বেড়ালে বহি ছোট এ বাঁশিটিরে,
কত যে তান বাজালে ফিরে ফিরে
কাহারে তাহা কব।
তোমারি ঐ অমৃত পরশে, আমার হিয়াখানি
হারাল সীমা বিপুল হরষে, উথলি ওঠে বাণী
আমার শুধু একটি মুঠি ভরি,
দিতেছ দান দিবস বিভাবরী, হলনা সারা কত না যুগ ধরে
কেবলি আমি লব।

14

You have made me endless; such is thy revel,

After empting me, with life afresh you fill me again so well.

Several hills and banks of rivers you have wandered through,

To all these places, this small flute, you had carried with you.

That you have played again and again several tunes in it,

To whom should I go and tell.

This tender heart of mine, at that immortal touch of your

Crosses the limits of unspeakable joy, voice swells to its core

Your charity, day and night, that you always send,

This sublime gift of yours, for ages did not end,

Only one handful of this charity,

I will take for me to dwell.

Kolkata
27/04/2012

15

আমি ভিক্ষা করে ফিরতেছিলেম

গ্রামের পথে পথে

তুমি তখন চলেছিলে

তোমার স্বর্ণ রথে।

অপূর্ব এক স্বপ্ন সম

লাগ্‌তেছিল চক্ষে মম,

কি বিচিত্র শোভা তোমার,

কি বিচিত্র সাজ।

আমি মনে ভাবতেছিলেম

এ কোন্‌ মহারাজ।

Continued in (ii)

15

I was roaming a-begging

On the village road,

In your sojourn in golden chariot

You were then aboard.

Like an amazing dream

To my eyes it sent its beam,

What a strange beauty - simply charming!

What a glamorous dress you wear!

I was wondering, it appeared alarming!

Who is this king over here?

Continued in (II) . . .

(II)

আজি শুভক্ষণে রাত পোহাল

ভেছিলেম তবে,

আজ আমারে দ্বারে দ্বারে

ফিরতে নাহি হবে।

বাহির হতে নাহি হতে

কাহার দেখা পেলেম পথে,

চলিতে রথ ধনধান্য

ছড়াবে দুই ধারে

মুঠা মুঠা কুড়িয়ে নেব

নেব ভারে ভারে।

Continued in (III) . . .

(II)

The day break was in an auspicious moment,

I had thought and had no doubt

Then today from door to door

I will not have to wander about.

As soon as I came out on the road,

Whom did I see in the chariot aboard!

His chariot on its run will now spread

Wealth on both the sides,

I'll pickup a handful from the road bed

And collect in loads besides.

Continued in (iii) . . .

(III)

দেখি সহসা রথ থেমে গেল

আমার কাছে এসে।

আমার মুখ পানে চেয়ে

নামলে তুমি হেসে।

দেখে মুখের প্রসন্নতা

জুড়িয়ে গেল সকল ব্যাথা –

হেন কালে কিসের লাগি

তুমি অকস্মাৎ

"আমায় কিছু দাও গো" বলে

বাড়িয়ে দিলে হাত।
Continued in (iv)

(III)

The chariot suddenly stopped I saw

As it had come near me

Looking at my face from your chariot,

You got down smilingly.

After seeing the happy face of yours

All my pains had gone of course

At this time, I know not for what,

All of a sudden you said-

"Give me something Oh my dear",

And your palms you spread.

Continued in (iv) . .

(IV)

মরি, এ কি কথা রাজাধিরাজ!

"আমায় দাওগো কিছু"

শুনে ক্ষণকালের তরে

রইনু মাথা নিচু!

তোমার কি বা অভাব আছে

ভিক্ষা চাও ভিখারীর কাছে!

এ কেবল কৌতুকের বশে

আমায় প্রবঞ্চনা –

ঝুলি হতে দিলাম তুলে

একটি ছোট কণা।

Continued in (v)……

Shivadas Ghoshal

(IV)

Oh Lord! What did you utter my king of kings!

"Give me something my dear!" you said?

Just for a while after hearing this,

I had to then keep down my head.

Where is the need for which you stagger?

That which makes you beg from a beggar?

This is just a jest I behold;

I feel I am being deceived-

From my begging bag I had doled

A grain of corn that I retrieved!

Continued in (v) . . .

(V)

যবে পাত্র খানি ঘরে এনে

উজাড় করি – এ কি!

ভিক্ষা মাঝে একটি ছোটো

সোনার কণা দেখি।

দিলেম যে রাজভিখারীরে

স্বর্ণ হয়ে এল ফিরে,

তখন কাঁদি চোখের জলে

দুটি নয়ন ভরে –

তোমায় কেন দিইনি আমার

সকল শূন্য করে!

Shivadas Ghoshal

(v)

When I brought the bag in my shack,

And got the kit emptied!

In the midst of the alms, I was taken aback!

On seeing a grain of gold in it.

To that Royal Beggar whatever I had given,

It has come back to me as gold in my haven

It is then that I started weeping

With tears full in both the eyes,

Why didn't I give you all my belongings?

Empting all, whatever had I.

Lucknow
April 13, 2013

16

আমি হেথায় থাকি শুধু গাইতে তোমার গান,

দিও তোমার জগৎ সভায়,   এই টুকু মোর স্থান।

আমি তোমার ভুবন মাঝে লাগিনি নাথ কোনো কাজে

শুধু কেবল সুরে বাজে,   অকাজের এই প্রাণ।।

নিশায় নীরব দেবালয়ে,   তোমার আরাধন,

মোরে আদেশ কোরো,   গাইতে হে রাজন্ ।

ভোরে যখন আকাশ জুড়ে

বাজবে বীণা সোনার সুরে,

আমি যেন না রই দূরে,

এই দিও মোর মান।।

16

I live here only to sing songs to thee,

In your universal assembly, give a little space to me.

I couldn't come of any use in your universe my Lord,

This useless life manifests itself only in tuning chord.

At night in your silent temple, while worshipping you Oh King,

I pray to you Oh my Master, command me to sing.

When the golden tune that the lyre will play,

Spreads over the sky at the break of the day,

From you I shouldn't be far away,

This is the honor you please give me.

Kolkata
7/5/2012

17

অন্তর মম বিকশিত করো অন্তরতর হে –

নির্মল করো, উজ্জ্বল করো, সুন্দর করো হে।

জাগ্রত করো উদ্যত করো নির্ভয় করো হে

মঙ্গল করো, নিরলস করো, নিঃসংশয় করো হে

যুক্ত করো হে সবার সঙ্গে, মুক্ত করো হে বন্ধ

সঞ্চার করো, সকলকর্মে শান্ত তোমার ছন্দ।

চরণপদ্মে মম চিত নিষ্পন্দিত করো হে,

নন্দিত করো নন্দিত করো নন্দিত করো হে।।

17

You unfold my heart and deliver my soul Oh Lord,

Make it clean, make it bright; make it elegant, Oh my God.

Wake it up, raise it up, and also you make it brave

Do good to it, make it active, doubts off you stave.

You unite it with everyone, from bondage get it freed,

Cool and tranquil style of yours, you infuse in all my deed.

Let this heart stop vibrating at your lotus feet,

Make it blissful; make it blissful, blissful you make it.

Kolkata
January 4, 2012

18

অরূপ, তোমার বাণী

অঙ্গে আমার চিত্তে আমার মুক্তি দিক্‌ সে আনি ॥

নিত্যকালের উৎসব তব বিশ্বের দীপালিকা

আমি শুধু তারি মাটির প্রদীপ, জ্বালাও তাহার শিখা

নির্বাণহীন আলোকদীপ্ত তোমার ইচ্ছাখানি ॥

যেমন তোমার বসন্তবায় গীতলেখা যায় লিখে

বর্ণে বর্ণে পুষ্পে পর্ণে বনে বনে দিকে দিকে

তেমনি আমার প্রাণের কেন্দ্রে নিশ্বাস দাও পুরে,

শূন্য তাহার পূর্ণ করিয়া ধন্য করুক সুরে-

বিঘ্ন তাহার পুণ্য করুক তব দক্ষিণপাণি ॥

18

Oh the infinite, your message that is designed,

Let it grant salvation to my body and my mind.

Universal illumination with lights, is your eternal fest of fame,

I am only its earthen lamp; you kindle the missing flame.

Inextinguishable and greatly radiant is your desire I find,

Let it grant salvation to my body and my mind.

The way your musical notes are written by the vernal breeze

In woods, in jungles, all around, riot of colors in flowers and leaves.

In the same way, you force your breath into my heart to its core,

After filling the empty space, let your tune bless its every pore.

All impediments let your right hand; make virtuous of its kind,

Let it also grant salvation to my body and my mind.

Kolkata
11/01/2012

19

ভজন পূজন সাধন আরাধনা
সমস্ত থাক পড়ে।
রুদ্ধ দ্বারে দেবালয়ের কোণে,
কেন আছিস ওরে!
অন্ধকারে লুকিয়ে আপন মনে
কাহারে তুই পূজিস্ সঙ্গোঁপনে
নয়ন মেলে দেখ্ দেখি আজ চেয়ে
দেবতা নাই ঘরে।
তিনি গেছেন যেথায় মাটি ভেঙে করছে চাষা চাষ,
পাথর ভেঙে কাটছে যেথায় পথ, খাটবে বারো মাস।
রৌদ্রে জলে আছেন সবার সাথে,
ধূলা তাঁহার লেগেছে দুই হাতে;
তাঁরই মতন শুচি বসন ছাড়ি
আয়রে ধূলার পরে

19

Chanting and singing, worshiping and praying,

You just leave them; they are nothing but brawl,

Shutting all doors, in the corner of this temple,

Why are you here at all?

Hiding yourself in the darkness, secretly

Whom do you worship here so devotedly?

Open your eyes and just see to-day

God is not there in that sacred hall,

He has gone where the farmer is farming by tilling the ground,

They are breaking stone for road making, to work the year round.

In sunshine and in rains, with everyone He is there,

Dust smears his both the hands, for that He doesn't care,

Like Him, your neat and clean clothes you leave,

Then come on the dusty land and call.

Kolkata
12/05/2012

20

বিপদে মোরে রক্ষা কর এ নহে মোর প্রার্থনা

বিপদে আমি না যেন করি ভয়।

দুঃখ তাপে ব্যথিত চিতে নাইবা দিলে সান্ত্বনা

দুঃখে যেন করিতে পারি জয়।

সহায় মোর না যদি জুটে

নিজের বল না যেন টুটে

সংসারেতে ঘটিলে ক্ষতি, লভিলে শুধু গঞ্জনা

নিজের মনে না যেন মানি ক্ষয়।।

আমারে তুমি করিবে ত্রাণ এ নহে মোর প্রার্থনা,

তরিতে পারি শকতি যেন রয়।

আমার ভয় লাঘব করি, নাইবা দিলে সান্ত্বনা,

বহিতে পারি এমনি যেন হয়।

নম্রশিরে সুখের দিনে,

তোমারি মুখ লইবো চিনে,

দুখের রাতে নিখিল ধরা যেদিন করে বঞ্চনা,

তোমারে যেন না করি সংশয়।

20

You save me from calamity, this is not my prayer

I shouldn't be scared of any adverse stress,

In grief, in sorrow, in painful heart your solace you may spare,

I should myself be able to win over my distress.

If I fail to gather support,

Strength in me should be my fort.

In case of loss in the family, only abuses if I get,

In my heart I shouldn't feel that I am now in fret.

You will grant me salvation that is not my prayer,

That I am able to stretch across, that strength in me be there.

You need not console me by removing my fear,

It should be only to that extent, so that I can steer.

During the course of my happy days

With my head down I'll know your face

In sorrowful nights when the universe raises its deceitful hue

I wish I may not ever have apprehensions about you.

Lucknow
05/04/2012

21

বন্দী তোরে কে বেঁধেছে এত কঠিন করে?

প্রভু আমায় বেঁধেছে গো

বজ্রকঠিন ডোরে।

মনেছিল সবার চেয়ে আমিই হব বড়

রাজার কড়ি করেছিলাম

নিজের ঘরে জড়।

ঘুম লাগিতে শুয়েছিলাম

প্রভুর শয্যা পেতে

জেগে দেখি বাঁধা আছি

আপন ভান্ডারেতে।

আমরা যাহা লুট করে নিই

তোমার সে ধন প্রভু

আমরা ঘুমাই তুমি জাগো

ভুল্‌ ব না আর কভু।

21

Prisoner, who has tied you with this adamantine cord?

The one, who has so firmly tied,

Is He, who is my Lord!

I had in mind; I'll outdo mankind in every possible measure,

My passion arouse and in my house

I had amassed the kingly treasure.

I spread out the bed of my Lord and slept,

Sleepy when I had felt,

I woke up to find I have been rigidly bind

To my own treasure-house belt!

As we boot whatever we loot

Those riches My Lord are your

We sleep as rake, you keep awake,

I will not forget for sure.

Continued in (II) . . .

(ii)

বন্দী ওগো কে গড়েছে
বজ্রবাঁধন খানি ?
আপনি আমি গড়েছিলেম
বহু যতন মানি।
ভেবেছিলেম আমার প্রতাপ
জগৎ করবে গ্রাস –
আমি রব একলা স্বাধীন
সবাই হবে দাস।
গড়তে ছিলেম রজনী দিন
লোহার শিকল খানা –
কত আগুন কত আঘাত
নাইকো তার ঠিকানা।
গড়া যখন শেষ হয়েছে,
কঠিন সুকঠোর
দেখি আমায় বন্দী করে
আমারই এই ডোর।

Shivadas Ghoshal

(II)

Prisoner you say who in this fray

Has wrought this unbreakable chain?

It is only me very carefully

I had forged it with lot of pain.

My power will be able to devour this world,

I thought, I was in rave,

Alone I'll remain free in this domain,

All others will be my slave.

Day and night I have used my might

In making this iron chain,

Oh the heat and the hammering beat!

I had faced incessant strain.

At the end of the wrought I seem to have brought

A chain strong and stern,

And then I found that I have been bound

With the same cord in turn!

Kolkata
12/05/2012

22

চাই গো আমি তোমারে চাই তোমায় আমি চাই

এই কথাটি সদাই মনে বলতে যেন পাই।

আর যা কিছু বাসনাতে

ঘুরে বেড়াই দিনে রাতে

মিথ্যা সে সব মিথ্যা ওগো

তোমায় আমি চাই।

রাত্রি যেমন লুকিয়ে রাখে

আলোর প্রার্থনাই

তেমনি গভীর মোহের মাঝে

তোমায় আমি চাই।

ঝড় যখন শান্তিরে হানে

তবু শান্তি চায় সে প্রাণে

তেমনি তোমায় আঘাত করি তবু তোমায় চাই।

22

I want my dear I want thee, I want only thee

These words I wish all the time, I could repeat in me

For all my other desires and cravings

Day and night that I keep on roving

Those are wrong those are all untrue,

I want you, I want only you.

As the darkness of the night

Hides the prayer of the light

Thus due to deep infatuation in me

I want thee, I want only thee

The storm that hits the serenity

In its heart it wants tranquility

In the same way, though you I hurt

Still I want you, my desire is pert.

Kolkata
25/05/12

23

ছিন্ন করে লও হে মোরে, আর বিলম্ব নয়।

ধূলায় পাছে ঝরে পড়ি, এই জাগে মোর ভয়।

এ ফুল তোমার মালার মাঝে,

ঠাঁই পাবে কি জানিনা যে,

তবু তোমার আঘাতটি তার, ভাগ্যে যেন রয়,

ছিন্ন কর ছিন্ন কর, আর বিলম্ব নয়।

কখন যে দিন ফুরিয়ে যাবে, আসবে আঁধার করে,

কখন তোমার পূজার বেলা, কাটবে অগোচরে।

যে টুকু এর রং ধরেছে,

গন্ধে সুধায় বুক ভরেছে,

তোমার সেবায় লও সেটুকু থাকতে সুসময়,

ছিন্ন কর, ছিন্ন কর, আর বিলম্ব নয়।

23

You lop me off and accept me, please do not delay,

I am afraid; I may droop and drop, on the dust and clay.

In the midst of flowers of your garland I know not,

If this flower is going to get the place that it sought,

Still I wish it has the luck of getting a rap of yours,

You pluck it, please pluck it, do not delay any more.

Who will know when the day ends and the darkness comes!

When will your prayer time gets over without any hum,

Whatever be the tinge of color that it could assume,

It has filled the chest with its nectar and by its perfume.

In your service please accept it till the good time lasts,

You Pluck it, please pluck it and please make it fast.

Kolkata
23/04/2012

24

চিত্ত যেথা ভয়শূন্য উচ্চ যেথা শির,

জ্ঞান যেথা মুক্ত, যেথা গৃহের প্রাচীর

আপন প্রাঙ্গনতলে দিবসশর্বরী

বসুধারে রাখে নাই খণ্ডক্ষুদ্র করি

যেথা বাক্য হৃদয়ের উৎসমুখ হতে

উচ্ছ্বসিয়া ওঠে, যেথা নির্বারিত স্রোতে

দেশে দেশে দিশে দিশে কর্মধারা ধায়

অজস্র সহস্রবিধ চরিতার্থতায় –

যেথা তুচ্ছ আচারের মরুবালুরাশি

বিচারের স্রোতঃপথ ফেলে নাই গ্রাসি,

পৌরুষেরে করেনি শতধা; নিত্য যেথা

তুমি সর্ব কর্ম চিন্তা আনন্দের নেতা

নিজ হস্তে নির্দয় আঘাত করি পিতঃ,

ভারতেরে সেই স্বর্গে কর জাগরিত।

24

Where the mind is fearless and the head is held high,

Where knowledge is free; where day and night

Within its narrow boundaries of domestic walls

Did not fragment the universe and made it small.

Where word comes from depth of the heart and with full emotion,

Work culture rushes unabated from country to country in all direction,

Manifesting itself in hundreds of thousands ways of perfection!

Where the stream of justice do not get lost in the strand,

Due to trivial customs, existing as colossal desert sand.

Where, hundreds of pieces are not made of manliness,

Where You are the leader of all actions, thoughts and happiness!

With no mercy Oh Father, hitting hard with your hand,

In that heaven you wake up this country, our mother-land.

Kolkata
07/09/2012

25

চরণ ধরিতে দিয়ো গো আমারে

নিয়ো না নিয়ো না সরায়ে।

জীবন মরণ সুখ দুখ দিয়ে

বক্ষে ধরিব জড়ায়ে।

স্খলিত শিথিল কামনার ভার

বহিয়া বহিয়া ফিরি কত আর

নিজ হাতে তুমি গেঁথে নিয়ো হার

ফেলো না আমারে ছড়ায়ে।

চির পিপাসিত বাসনা বেদনা,

বাঁচাও তাহারে মারিয়া।

শেষ জয়ে যেন হয়ে সে বিজয়ী

তোমারি কাছেতে হারিয়া।

বিকায়ে বিকায়ে দীন আপনারে

পারি না ফিরিতে দুয়ারে দুয়ারে,

তোমারি করিয়া নিয়ো গো আমারে

বরণের মালা পরায়ে।

25

Please allow me to hold your feet,

Do not; do not take it away,

With life and death, joy and grief,

I will keep it clasped to my heart I pray.

This load of languid desires that stain,

Carrying them how long I wander this way,

With your hands you thread me in thy chain

Do not dispel me or scatter away.

Everlasting thirst of painful yearning

By destroying that you please rescue,

In the last triumph it should be winning,

Let it be the winner by losing to you.

For selling this poor-self you see,

I cannot keep moving from door to door.

Ceremonial garland you put on me,

And you make me only your.

Kolkata
4/12/2011

26

দাঁড়িয়ে আছ তুমি আমার গানের ও পারে- -
আমার সুরগুলি পায় চরণ, আমি পাই নে তোমারে
বাতাস বহে মরি মরি, আর বেঁধে রেখো না তরী
এসো এসো পার হয়ে মোর হৃদয়মাঝারে
তোমার সাথে গানের খেলা দূরের খেলা যে,
বেদনাতে বাঁশি বাজায় সকল বেলা যে।
বাজাবে গো আপনি আসি
আনন্দময় নীরব রাতের নিবিড় আঁধারে ॥

26

At the other end of my song, you are standing my dear,

My tunes have reached your feet, but I could not get near.

Lowly wind is blowing bye, don't you tie the boat anymore,

Come dear come, please cross-over into my heart at its core.

Playing game of songs with you, is the game of a long distance

Even in pain one who plays his flute, all the times and instance

You will come to play your flute on your own,

In delightfully silent nights at its darkest tone!

Kolkata
20/12/2011

27

দেবতা জেনে দূরে রই দাঁড়ায়ে
আপন জেনে আদর করিনে
পিতা বলে প্রণাম করি পায়ে
বন্ধু বলে দু হাত ধরিনে।
আপনি তুমি অতি সহজ প্রেমে
আমার হয়ে যেথায় এলে নেমে
সেথায় সুখে বুকের মধ্যে ধরে
সঙ্গী বলে তোমায় বরিনে
ভাই তুমি যে ভায়ের মাঝে প্রভু
তাদের পানে তাকাইনা যে তবু
ভায়ের সাথে ভাগ করে মোর ধন
তোমার মুঠো কেন ভরিনে।।
ছুটে এসে সবার সুখে দুখে
দাঁড়াইনে ত তোমারি সম্মুখে
সঁপি যে প্রাণ ক্লান্তিবিহীন কাজে
প্রাণসাগরে ঝাঁপিয়ে মরিনে।

27

Knowing you as God, at a distance I stand from thee,

I do not ever caress you, as someone close to me.

I think you are my father, thus I bow to touch your feet,

Holding both the hands of yours, as a friend I do not treat

On your own with your simple love and shine,

Where you have come down after becoming mine,

There I do not delightfully hold you to my bosom,

Addressing you as my mate, you I do not welcome.

In the midst of brothers you are my brother my Lord,

I do not care to see them still,

Taking out my share of wealth from them my God,

Why your clutches I do not fill.

I do not rush to others in their pleasure or pain,

Then, come and stand in front of you, that never did I

I devote my life to work without strain,

I do not plunge into the ocean of life, to die.

Kolkata
6/05/2012

28

এবার আমায় ডাকলে দূরে

সাগর-পারের গোপন পুরে ॥

বোঝা আমার নামিয়েছি যে,

সঙ্গে আমায় নাও গো নিজে,

স্তব্ধ রাতের স্নিগ্ধ সুধা

পান করাবে তৃষ্ণাতুরে ॥

আমার সন্ধ্যাফুলের মধু

এবার যে ভোগ করবে বঁধু।

তারার আলোর প্রদীপখানি

প্রাণে আমার জ্বালবে আনি,

আমার যত কথা ছিল

ভেসে যাবে তোমার সুরে ॥

28

This time it is a long distance where you have called me,

At a secret place, beyond the sea.

I have put down the load I had been carrying,

You take me with you, now no barring,

The refreshing ambrosia of the silent night

You will give it to this thirsty to drink with delight.

Honey that comes from my evening flower,

Now my darling will enjoy it from this hour,

The lamp of the star light that you will bring,

With that lamp you will kindle my heart within.

All what so ever that I had to say,

In your tune those words will be drifted away.

Lucknow
09/02/2012

29

এবার ভাসিয়ে দিতে হবে আমার এই তরি,

তীরে বসে যায় যে বেলা,   মরি গো মরি।

ফুল ফোটানো সারা করে,

বসন্ত যে গেল সরে

নিয়ে ঝরা ফুলের ডালা,

বল কি করি।

জল উঠেছে ছলছলিয়ে ঢেউ উঠেছে দুলে,

মর্মরিয়ে ঝরে পাতা,   বিজন তরু মূলে।

শূন্য মনে কোথায় তাকাস্‌ ?

সকল বাতাস সকল আকাশ,

ঐ পারের ঐ বাঁশির সুরে,   ওঠে শিহরি

29

Now it is time to set sail this boat with the oar

What a pity, the day is passing, sitting on the shore.

After blooming the flowers in the bower,

Spring has moved away,

Carrying the basket of withered flowers

What I will do, you say.

Water has started raising splashes,

The waves swings and heaves,

At the root of trees in desolate places,

Shed their murmuring leaves.

Where are you looking with your empty mind?

In the entire blue sky and the air galore

Thrill and shudder gets defined,

By that flute's tune across the shore!

Kolkata
12/05/2012

30

একদিন এই দেখা হয়ে যাবে শেষ,

পড়িবে নয়ন 'পরে অন্তিম নিমেষ,

পর দিন এই মত পোহাইবে রাত,

জাগ্রত জগৎ 'পরে জাগিবে প্রভাত।

কলরবে চলিবেক সংসারের খেলা,

সুখে দুঃখে ঘরে ঘরে বহি যাবে বেলা,

সে কথা স্মরণকরি নিখিলের প্রাণে,

আমি আজি চেয়ে আছি উৎসুক নয়ানে।

যাহা কিছু হেরি চোখে কিছু তুচ্ছ নয়,

সকলি দুর্লভ বলে আজি মনে হয়।

দুর্লভ এ ধরণীর লেশতম স্থান,

দুর্লভ এ জগতের ব্যর্থতম প্রাণ।

যা পাইনি তাও থাক যা পেয়েছি তাও,

তুচ্ছ বলে যা চাইনি তাও মোরে দাও।

30

This looking around is surely going to stop one day,

The last twinkle over the eyes will then come to stay.

Then next day in this way, night will be passing on,

Over the awaken universe, will then break the dawn.

Game of this earthly life, will then run with all its noise,

The day will pass through every house in misery and rejoice.

By recalling these things from my mind; where it firmly lies,

Towards the heart of this Universe I stare with my eager eyes.

Whatever comes in my vision, nothing is trivial to me,

Today all the things seems invaluable what-so-ever I see.

Smallest bit of land of this universe is just unobtainable,

The most frustrated soul of this earth is also invaluable.

Things that I got and that I did not; to me you leave them all,

Give me that too which I had spurned, thinking it too small.

Lucknow
12/04/2012

31

একলা আমি বাহির হলেম
তোমার অভিসারে
সাথে সাথে কে চলে মোর
নীরব অন্ধকারে।
ছাড়াতে চাই অনেক করে,
ঘুরে চলি, যাই যে সরে,
মনে করি আপদ গেছে,
আবার দেখি তারে।
ধরণী সে কাঁপিয়ে চলে
বিষম চঞ্চলতা-
সকল কথার মধ্যে সে চায়
কইতে আপন কথা।
সে যে আমার আমি প্রভু
লজ্জা তাহার নাই যে কভু,
তারে নিয়ে কোন্ লাজে বা
যাব তোমার দ্বারে!

31

I have come out alone to meet you,

On my love journey

But who is this in silent darkness

Moving along with me?

I tried to avoid it with twist and turns

By moving aside in vain

When I would think, got rid of it,

I would see it again.

It shakes the earth while it walks,

With terrible restlessness

It wishes to blow its own trumpet

In whatsoever it says.

It is my 'I' in me Oh God,

Which is shameless I could see,

How can I come to your door my Lord

With that brazen I with me?

Kolkata
08/05/2013

32

একটি নমস্কারে প্রভু একটি নমস্কারে

সকল দেহ লুটিয়ে পড়ুক তোমার এ সংসারে।

ঘন শ্রাবণ মেঘের মত

রসের ভারে নম্রনত

একটি নমস্কারে প্রভু একটি নমস্কারে,

সমস্ত মন পড়িয়া থাক তব ভবনদ্বারে।

নানা সুরের আকুল ধারা

মিলিয়ে দিয়ে আত্মহারা

একটি নমস্কারে প্রভু একটি নমস্কারে

সমস্ত গান সমাপ্ত হোক নীরব পারাবারে

হংস যেমন মানস যাত্রী

তেমনি সারা দিবস রাত্রী

একটি নমস্কারে প্রভু একটি নমস্কারে

সমস্ত প্রাণ উড়ে চলুক মহামরণ পারে।

32

In one salutation Oh my Lord, just in one salutation,

Let the entire body roll, on your earth in prostration.

Like the dense clouds of July, with full of juicy water load

That brings those clouds down to earth and gives a gentle float.

In one salutation Oh my Lord, just in one salutation,

Let my whole attention be at the entrance of your mansion.

The stream of diverse tunes distracted with anxiety

You are overwhelmed by mixing them all in one variety.

In one salutation Oh my Lord, just in one salutation

Let all the songs meet its end into the silent ocean.

Just as cranes will have in mind, destination of their flight,

In similar way will also move, whole of the day and night,

In one salutation, Oh my Lord, just in one salutation,

Let my entire life go flying to the shore of annihilation.

Kolkata
10/7/2012

33

হে রাজেন্দ্র, তব হাতে কাল অন্তহীন

গণনা কেহ নাকরে, রাত্রি আর দিন।

আসে যায়, ফুটে ঝরে যুগযুগান্তরা,

বিলম্ব নাহিকো তব নাহি তব ত্বরা—

প্রতীক্ষা করিতে জান। শতবর্ষ ধরে

একটি পুষ্পের কলি ফুটাবার তরে

চলে তব ধীর আয়োজন। কাল নাই

আমাদের হাতে; কাড়াকাড়ি করে তাই

সবে মিলে; দেরি কারো নাহি সহে কভু।

আগে তাই সকলের সব সেবা প্রভু,

শেষ করে দিতে দিতে কেটে যায় কাল,

শূন্য পড়ে থাকে হায় তব পূজা- থাল।

অসময়ে ছুটে আসি, মনে বাসি ভয়—

এসে দেখি, যায় নাই তোমার সময়।

Shivadas Ghoshal

33

Oh the King of Kings, the time is endless in your hand,

There is none to count the minutes of your time band.

Days and nights come and go, ages bloom and fade like flower

But, for you there is no delay, for you there is no 'rush hour'.

You know to wait. Your preparation steadily runs for hundred years

For the sake of blooming only one bud; But here,

We have no time to lose and getting delayed,

Hence we scramble for our chance, here we can't be late.

Loosing time is something that we cannot afford,

I had therefore started with the service to all, my Lord.

In cooling down these querulous men, the time passes away,

Alas! The worshipping tray lies empty at the end of the day.

I rush to your temple at odd hour, with heart full of fear,

On my arrival I could see, you still have time to clear.

Kolkata
26/05/2012

34

যাবার দিনে এই কথাটি বলে যেন যাই

যা দেখেছি যা পেয়েছি তুলনা তার নাই।

এই জ্যোতিঃসমুদ্র মাঝে

যে শতদল পদ্ম রাজে,

তারি মধু পান করেছি

ধন্য আমি তাই

যাবার দিনে এই কথাটি জানিয়ে যেন যাই।

যা দেখেছি যা পেয়েছি তুলনা তার নাই।

বিশ্বরূপের খেলা ঘরে

কত গেলেম খেলে,

অপরূপকে দেখে গেলেম

দুটি নয়ন মেলে।

পরশ যাঁরে যায়না করা

সকল দেহে দিলেন ধরা,

এইখানে শেষ করেন যদি,

শেষ করে দিন্‌ তাই

যাবার বেলা এই কথাটি জানিয়ে যেন যাই

যা দেখেছি যা পেয়েছি তুলনা তার নাই।

34

On the departing day I would like to say as my parting words,

Whatever I perceived, and that I received are my matchless awards.

At the centre of this ocean of light,

The hundred-petal lotus that is there;

I have tasted its honey with delight!

That is why I am blessed O dear.

The day I go, I may let all know, these as my parting words -

"What I perceived, and that I received are my matchless awards."

In this play-house of the infinite,
For long duration I had played

I now leave after seeing the 'Formless'

On whom my eyes were laid

The One whom we cannot touch

He surrenders himself in every soul

If He wishes to end it here as such

Let Him end it and meet His goal

The day I go I may let all know, this, as my parting words -

Whatever I perceived, and that I received, are my matchless awards!

Kolkata
01/07/2012

35

যেদিন ফুটল কমল কিছুই জানি নাই,

আমি ছিলেম অন্যমনে

আমার সাজিয়ে সাজি তারে আনি নাই

সে যে রইল সংগোপনে।

মাঝে মাঝে হিয়া আকুল প্রায়,

স্বপন দেখে চমকে উঠে চায়,

মন্দ মধুর গন্ধ আসে হায়

কোথায় দখিণ সমীরণে।

সুগন্ধে ফিরায় উদাসিয়া,

আমায় দেশে দেশান্তে।

যেন সন্ধানে তার উঠে নিঃশ্বাসিয়া

ভুবন নবীন বসন্তে।

কে জানিত দূরে ত নেই সে

আমারি গো আমারি সেই যে

এ মাধুরী ফুটেছে হায়রে

আমার হৃদয় উপবনে।

35

The day the lotus bloomed I knew not, even at bit,

My mind was switched on to a different phase,

Garnishing my basket I did not bring it,

As it was hiding in a secret place.

Sometime the heart becomes confounded

After dream it shudders, wakes up dumbfounded.

Ah! What a mild and sweet smell comes flowing,

From somewhere the south- wind keeps on blowing.

This fragrance has put me in stoical fit

Made me run across the country and beyond,

As if the universe, in search of it,

Started breathing in a new spring-time bond.

Who will know, it was not from a far-off place;

It was my fragrance, it was my own!

O God! This aroma blossomed in my inner space,

From the garden of my heart it has blown.

Kolkata
14/05/2012

36

জীবন যখন শুকায়ে যায়,

করুণা ধারায় এসো

সকল মাধুরী লুকায়ে যায়

গীতসুধারসে এসো।

কর্ম যখন প্রবল আকার

গরজি উঠিয়া ঢাকে চারিধার,

হৃদয় প্রান্তে হে নীরব নাথ,

শান্ত চরণে এসো।

আপনারে যবে করিয়া কৃপণ, .

কোণে পড়ে থাকে দীন হীন মন

দুয়ার খুলিয়া হে উদার নাথ,

রাজ সমারোহে এসো।

বাসনা যখন বিপুল ধূলায়

অন্ধ করিয়া অবোধে ভুলায়

ওহে পবিত্র, ওহে অনিদ্র

রুদ্র আলোকে এসো।

36

When the life gets dried,

Please come with your mercy shower,

When all charm tends to hide,

Come as song with nectar at that hour.

When the work becomes tumultuous,

And its yell spreads around,

Come to my heart Oh Lord of Silence

In your gentle gait and sound!

Making itself a miser, bereaved and poor,

When my heart lay crouched in a corner,

Oh the King magnanimous, by opening the door,

Come with kingly honor.

When the desire raises dust in tons,

Deludes the ignorant, by seizing the sight,

Oh the holy, Oh the wakeful One

Please come in your thunderous light.

Kolkata
27/04/2012

37

(যদি) তোমার দেখা না পাই প্রভু এবার এ জীবনে

তবু তোমায় আমি পাইনি, যেন সে কথা রয় মনে!

যেন ভুলে না যাই বেদনা পাই, শয়নে স্বপনে।

এ সংসারের হাটে, আমার যতই দিবস কাটে,

আমার যতই দুহাত ভরে উঠে ধনে,

তবু কিছুই আমি পাইনি, যেন সে কথা রয় মনে।

যেন ভুলে না যাই বেদনা পাই শয়নে স্বপনে।

যদি আলস ভরে যদি ধুলায় আমি বসি পথের পরে,

শয়ন পাতি সযতনে

সকল পথই বাকি আছে, সে কথা রয় মনে।

যেন ভুলে না যাই বেদনা পাই শয়নে স্বপনে।

যতই উঠে হাসি ঘরে যতই বাজে বাঁশি –

ওগো যতই গৃহ সাজাই আয়োজনে –

যেন, তোমায় ঘরে হয়নি আনা এ কথা রয় মনে।

যেন ভুলে না যাই বেদনা পাই শয়নে স্বপনে।

Shivadas Ghoshal

37

(If) At this time in this life my Lord, you I do not see,

That I could not get to you, in my mind that should be.

This I should not forget any time, and only for that sake,

I should feel the pain in my dream as well as when awake.

In this market of domestic life as the days keep passing bye,

Even if in my both the hands wealth keeps rising high,

Still, I should bear in mind that nothing I could make,

I should feel the pain in my dream as well as when awake.

On the dust if idly I sit on the boulevard

And the bed with all care I make,

The entire pathway still remains uncovered,

These words my mind should take,

I should feel the pain in my dream as well as when awake.

With all the laughter in the house and the sound of flute is fraught,

All arrangements that I make, to deck my house with this stake,

I should remember that in this house you have not been brought.

I should feel the pain in my dream as well as when awake.

Kolkata
22/05/12

38

কেন চোখের জলে ভিজিয়ে দিলেম না

শুকনো ধুলো যত!

কে জানিত আসবে তুমি গো

অনাহূতের মতো ॥

তুমি পার হয়ে এসেছ মরু,

নাই যে সেথায় ছায়াতরু

পথের দুঃখ দিলেম তোমায় গো

এমন ভাগ্যহত ॥

তখন আলসেতে বসে ছিলেম আমি

আপন ঘরের ছায়ে,

জানি নাই যে তোমায় কত ব্যথা

বাজবে পায়ে পায়ে।

তবু ঐ বেদনা আমার বুকে

বেজেছিল গোপন দুখে

দাগ দিয়েছে মর্মে আমার গো

গভীর হৃদয় ক্ষতো

38

Why didn't I moisten?

All the dust with my tears!

Who would know that you'll come?

As un-invited guest, my dear!

You have come crossing the desert,

Where shading trees were none,

I made you suffer on your way,

I am such an unfortunate one.

Under the shade of my room,

I was sitting then in leisure,

Oblivious of the amount of pain

Your steps will have to measure.

Still, that pain, strikes my chest,

In a secret distressed mode.

It bruised my heart, and left its mark,

Making deep in-road!

Kolkata
19/12/2011

39

ক্লান্তি আমার ক্ষমা করো প্রভু,

পথে যদি পিছিয়ে পড়ি কভু॥

এই- যে হিয়া থরোথরো

কাঁপে আজি এমনতরো

এই বেদনা ক্ষমা করো, ক্ষমা করো,

ক্ষমা করো প্রভু ॥

এই দীনতা ক্ষমা করো প্রভু,

পিছন পানে তাকাই যদি কভু

দিনের তাপে রৌদ্রজ্বালায়

শুকায় মালা পূজার থালায়,

সেই ম্লানতা ক্ষমা করো, ক্ষমা করো,

ক্ষমা করো প্রভু ॥

39

Forgive my weariness Oh Lord, I pray

If ever I fall behind, on my way.

This shivering and trembling

Of my heart this day

This pain you forgive, please forgive,

Forgive Oh Lord I beg to say.

This penury you absolve, Oh Lord, I pray

If ever I look back on my way.

The blaze of the sun and the heat of the day

Withers the garland on the worshipping tray

You absolve this languish, please absolve

This languish you absolve Oh Lord, I pray.

Kolkata
31/12/2011

40

কোলাহল ত বারণ হল,   এবার কথা কানে কানে।

এখন হবে প্রাণের আলাপ,   কেবল মাত্র গানে গানে।

রাজার পথে লোক ছুটেছে

বেচা কেনার হাঁক উঠেছে,

আমার ছুটি অবেলাতেই দিন দুপুরের মধ্যখানে,

কাজের মাঝে ডাক পড়েছে কেন যে তা কেই বা জানে!

মোর কাননে অকালে ফুল উঠুক তবে মঞ্জরিয়া।

মধ্যদিনে মৌমাছিরা বেড়াক মৃদু গুঞ্জরিয়া।

মন্দ ভালোর দ্বন্দে খেটে

গেছে ত দিন অনেক কেটে,

অলস বেলার খেলার সাথী এবার আমার হৃদয় টানে,

বিনা কাজের ডাক পড়েছে কেন যে তা কেই বা জানে?

Shivadas Ghoshal

40

Noise will not be there any more; in whispers only will be our talks,

Only through songs we will now express our hearty, intimate thoughts.

Towards the King's market, all the people are rushing,

There is loud call in the air; for selling and purchasing.

My leave is always in odd hours, in the middle of the day,

Why this call during working hours, nobody knows, who can say!

In that case in my garden, let out of season flowers bloom,

Let the bees in the mid-day, wander about with humming plume

In settling the conflict between good and bad

I have spent lot of time from my life's time pad

Now the heart recalls those early days, and my childhood chums,

No one knows, without any work, why this call has come?

Kolkata
25/07/2012

41

কূল থেকে মোর গানের তরী দিলেম খুলে

সাগর- মাঝে ভাসিয়ে দিলেমপালটি তুলে ॥

ঐ কোকিল ডাকে ছায়াতলে

সেখানে নয়,

যেখানে ঐ গ্রামের বধূ আসে জলে

সেখানে নয়,

যেখানে নীল মরণলীলা উঠছে দুলে

সেখানে মোর গানের তরী দিলেম খুলে ॥

এবার, বীণা, তোমায় আমায় আমরা একা- -

অন্ধকারে নাইবা কারে গেল দেখা॥

কুঞ্জবনের শাখা হতে যে ফুল তোলে

সে ফুল এ নয়,

বাতায়নের লতা হতে যে ফুল দোলে

সে ফুল এ নয়- -

দিশাহারা আকাশ- ভরাসুরের ফুলে

সেই দিকে মোর গানের তরী দিলেম খুলে

41

From the shore I have now let loose my boat of songs I hail,

And set it afloat in the midst of ocean raising up its sail.

Where the cuckoos call from that shady place,

Not there,

Where the village bride steps into the water with grace,

Not there,

In amorous sport where the blue death-revel swings,

There I have untied my boat of songs attaching no strings.

Now my lute, you and I, we both are here alone

In this darkness, our presence, let it not be known.

The flower that is plucked in the bower, from its stalk

This is not that flower,

The creeper flower that sways over window, round the clock

This is not that flower . . .

The sky is confounded by the tune of flowers spread over the blue sky

In that direction, I have now unfastened the boat of songs that is my.

Kolkata
28/09/2

42

কোথায় আলো কোথায় ওরে আলো।

বিরহানলে জ্বালোরে তারে জ্বালো।

রয়েছে দ্বীপ না আছে শিখা,

এই কি ভালে ছিল রে লিখা –

ইহার চেয়ে মরণ সে যে ভাল

বিরহানলে প্রদীপখানি জ্বালো।।

বেদনাদূতী গাহিছে - "ওরে প্রাণ,

তোমার লাগি জাগিছে ভগবান,

নিশীথে ঘন অন্ধকারে,

ডাকেন তোরে প্রেমাভিসারে,

দুঃখ দিয়ে রাখেন তোর মান,

তোমার লাগি জাগেন ভগবান।।"

গগন তল গিয়েছে মেঘে ভরি

বাদল জল পড়িছে ঝরি ঝরি

এঘোর রাতে কিসের লাগি

পরান মম সহসা জাগি

এমন কেন করিছে মরি মরি

বাদল জল পড়িছে ঝরি ঝরি

Continued in (II)……

42

Where is the light, Oh! Where is the light?

With the flame of separation, that lamp you alight.

The lamp is there but there is no flame,

Was this written in my fortunes name?

Death was indeed a better choice in sight,

With the fire of separation that lamp you alight.

The messenger of misery sings in hue-

"Oh the holy soul, God is awake for you.

In nights when the darkness gets darker twist,

It is then He calls you to the love-tryst

He honors you, giving a sorrowful shake,

It is only for you, that the God is awake."

The sky is overcast with clouds to its core,

Water from clouds is on down pour.

What for I know not, in this fearful night,

Suddenly my heart wakes up in fright,

Why this pleasure flutters more and more,

Water from clouds is on down pour.

Continued in (II) . . .

(II)

বিজুলি শুধু ক্ষনিক আভা হানে,

নিবিড়তর তিমির চোখে আনে

জানিনা কোথা অনেক দূরে

বাজিল গান গভীর সুরে।

সকল গান টানিছে পথ পানে।.

নিবিড়তর তিমির চোখে আনে।।

কোথায় আলো কোথায় ওরে আলো

বিরহানলে জ্বালো রে তারে জ্বালো

ডাকিছে মেঘ, হাঁকিছে হাওয়া,

সময় গেলে হবেনা যাওয়া,

নিবিড় নিশা নিকষঘন কালো

দিয়ে প্রেমের দীপ জ্বালো।।

(II)

Lightning just gives a momentary light,

Then brings at sight the darkest night,

I know not from some far off place

Song is played in deep tuning phase,

Every song is drawing towards road side

Deep dark night it also brings to sight.

Where is the light Oh! Where is the light?

With the fire of separation that lamp you alight.

Clouds are rumbling the wind screams- lo!

If the time runs out, I won't be able to go.

With this impenetrable dark night dark as touchstone,

Kindle the flame of love and its loving tone.

Kolkata
22/6/12

43

কত অজানারে জানাইলে

তুমি কত ঘরে দিলে ঠাঁই

দূরকে করিলে নিকট, বন্ধু,

পরকে করিলে ভাই

পুরানো আবাস ছেড়ে চলি যবে

মনে ভেবে মরি কি জানি কি হবে

নূতনের মাঝে তুমি পুরাতন,

সে কথা যে ভুলে যাই,

দূরকে করিলে নিকট, বন্ধু,

পরকে করিলে ভাই

জীবনে মরণে নিখিল ভুবনে যখনই যেখানে লবে

চির জনমের পরিচিত ওহে তুমিই চিনাবে সবে

তোমারে জানিলে নাহি কেহ পর,

নাহি কোন মানা নাহি কোন ডর;

সবারে মিলায়ে তুমি জাগিতেছ, দেখা যেন সদা পাই

দূরকে করিলে নিকট, বন্ধু,

পরকে করিল ভাই

Shivadas Ghoshal

43

Many things unknown you made them known,

In so many homes you gave place,

Distant you brought closer gave friendly tone,

Others as brothers you had sworn.

When I was leaving my old haven,

Vainly worrying, what would happen!

In the midst of new you are the old;

This truth in my memory was ill borne

Distant you brought closer gave a friendly tone,

Others as brothers you had sworn

In life and death in this universe, whenever, wherever you will take,

You are eternally acquainted O Lord, introduction to all you will make.

Knowing you will leave no distant here,

There is nothing forbidden, there is no fear

After uniting all you are keeping awake

Please ensure that your face is always shown,

Distant you brought closer, gave a friendly tone,

Others as brothers, you had sworn.

Lucknow
29/03/2012

44

লুকিয়ে আস আঁধার রাতে, তুমিই আমার বন্ধু,

লও যে টেনে কঠিন হাতে তুমি আমার আনন্দ।

দুঃখরথের তুমিই রথী,

তুমিই আমার বন্ধু

তুমি সংকট তুমিই ক্ষতি,

তুমি আমার আনন্দ।

শত্রু আমারে কর গো জয়, তুমিই আমার বন্ধু,

রুদ্র তুমি হে ভয়ের ভয়, তুমি আমার আনন্দ।

বজ্র এসো হে বক্ষ চিরে, তুমিই আমার বন্ধু,

মৃত্যু লও হে বাঁধন ছিঁড়ে, তুমি আমার আনন্দ।

Shivadas Ghoshal

44

You are my friend; stealthily you come, in the dark night,

You pull me up with strong hands, you are my delight.

You are the charioteer of the chariot of despair

You are my only friend

You are crisis, you are failure,

Joy in me you tend.

You come and win the foe in me; you are my only friend,

You the furious, Oh fear of fears, you are in me the delightful trend.

Thunder you come and rend my chest you are my only friend in view

Death you take me slashing all bindings my delight is only you.

Lucknow
01/03/2012

45

মেঘের ‘পরে মেঘ জমেছে আঁধার করে আসে

আমায় কেন বসিয়ে রাখ একা দ্বারের পাসে।

কাজের দিনে নানা কাজে থাকি নানা লোকের মাঝে,

আজ আমি যে বসে আছি তোমারই আশ্বাসে,

আমায় কেন বসিয়ে রাখ একা দ্বারের পাশে।

তুমি যদি না দেখা দাও, কর আমায় হেলা,

কেমন করে কাটে আমার এমন বাদল-বেলা।

দূরের পানে মেলে আঁখি কেবল আমি চেয়ে থাকি,

পরান আমার কেঁদে বাড়ায়, দুরন্ত বাতাসে,

আমায় কেন বসিয়ে রাখ একা দ্বারের পাশে।

45

Clouds upon clouds have gathered giving a darker tone,

Why do you keep me waiting here, by the side of the door, alone?

In working days on various work I move with different people,

Today, only on your assurance I am sitting here forlorn,

Why do you keep me waiting here, by the side of the door, alone?

If you do not show yourself, neglect me in this way,

Sitting here lonely how will I pass such a cloudy day?

I cast my vision at a far off place, and let my eyes stare,

My heart wails in restless air and wanders about air borne,

Why do you keep me waiting here, by the side of the door, alone?

Lucknow
31/03/2012

46

মরণ যেদিন দিনের শেষে আসবে তোমার দুয়ারে,

সেদিন তুমি কি ধন দেবে উহারে?

ভরা আমার জীবন খানি

সম্মুখে তার দিব আনি,

শূন্য বিদায় করবনা গো উহারে

মরণ যেদিন আসবে আমার দুয়ারে।

কত শরৎ বসন্ত রাত

কত সন্ধ্যা, কত প্রভাত

পরাণপাত্রে কত যে রস বরষে,

কতই ফলে কতই ফুলে

হৃদয় আমার ভরে তোলে,

দুখসুখের আলোছায়ার পরশে।

যা কিছু মোর সঞ্চিত ধন

এত দিনের সব আহরণ,

চরম দিনে সাজিয়ে দিব উহারে

মরণ যে দিন আসবে আমার দুয়ারে।।

Shivadas Ghoshal

46

At the end of the day when the death comes at your door,

What riches are you going to give, as an offering of your?

"My life that I have is full to the brim!

I shall bring that life in front of him,

Empty handed I'll not let it go,

The day death comes and knocks at my door.

So many autumn and summer nights

So many dusks and dawning lights!

Plenty of juice they have showered in my life's container

So many fruits and flowers several

Delightfully fills my heart in revel

With graceful touch of joy and sorrow and its light and shadow strainer

All my earnings that I have saved

All my savings that I have made

With all these riches on the final day, I will deck my offer I can assure,

The day death comes and knocks at my door."

Kolkata
25/07/2012

47

অন্ধজনে দেহো আলো, মৃতজনে দেহো প্রাণ-

তুমি করুণামৃতসিন্ধু করো করুণাকণা দান ॥

শুষ্ক হৃদয় মম কঠিন পাষাণসম,

প্রেমসলিলধারে সিঞ্চহ শুষ্ক নয়ান ॥

যে তোমারে ডাকে না হে তারে তুমি ডাকো- ডাকো।

তোমা হতে দূরে যে যায় তারে তুমি রাখো রাখো।

তৃষিত যেজন ফিরে তব সুধাসাগরতীরে

জুড়াও তাহারে স্নেহনীরে, সুধা করাও হে পান ॥

তোমারে পেয়েছিনু যে, কখন্‌ হারানু অবহেলে,

কখন্‌ ঘুমাইনু হে, আঁধার হেরি আঁখি মেলে।

বিরহ জানাইব কায়, সান্ত্বনা কে দিবে হায়,

বরষ বরষ চলে যায়, হেরিনি প্রেমবয়ান—

দরশন দাও হে, দাও হে দাও, কাঁদে হৃদয় ম্রিয়মাণ ॥

47

You infuse life into the dead; give light to the blind to see

A drop of mercy you give as charity from your nectar sea,

As hard as rock is this withered heart of my mine

Irrigate my arid eyes with the streaming love of thine

One who do not pray to you, him you will always call,

One who moves away from you, you won't let him fall!

One wandering on the shore of your nectar sea, with thirst at its brink!

With water of affection you repose, you give him nectar to drink.

I did get hold of you, but then I lost you, for my loss of care!

Oh God I know not when I slept, I woke up to find this darkness bare.

Whom to tell this pain of separation, who would give solace to me?

Year after year has thus gone bye that lovable face I had longed to see.

Oh Lord you please appear before me, please show your face,

This dazed and depressed heart of mine cries for your grace.

Kolkata
4/11/11

48

অন্ধকারের মাঝে আমায় ধরেছ দুই হাতে।

ভেবেছিলেম, জীবনস্বামী,

তোমায় বুঝি হারাই আমি-

কখন্‌ তুমি এলে, হে নাথ, মৃদু চরণপাতে?।

আমায় তুমি হারাবে না বুঝেছি আজ রাতে ॥

যে নিশীথে আপন হাতে নিবিয়ে দিলেম আলো

তারি মাঝে তুমি তোমার ধ্রুবতারা জ্বালো।

তোমার পথে চলা যখন ঘুচে গেল, দেখি তখন

আপনি তুমি আমার পথে লুকিয়ে চল সাথে ॥

Shivadas Ghoshal

48

In the midst of darkness you held me with both the hands of yours,

I thought Oh Master of my life,

I'll be losing you for sure!

When did you arrive in your supple gait, Oh Lord I did not see?

In this night I have understood you will not be losing me.

The night in which, with my own hand, I had put off the light,

You had lit your pole star, in the middle of that night.

When I stopped walking on your way, then only I could see,

You were there on my way, walking furtively.

Lucknow
7/2/13

49

পেয়েছি ছুটি বিদায় দেহ ভাই,

সবারে আমি প্রণাম করে যাই

ফিরায় দিনু দ্বারের চাবি,

রাখি না আর ঘরের দাবী,

সবার আজি প্রসাদবাণী চাই।

সবারে আমি প্রণাম করে যাই

অনেক দিন ছিলাম প্রতিবেশী,

দিয়েছি যত নিয়েছি তার বেশি

প্রভাত হয়ে এসেছে রাতি,

নিবিয়া গেল কোনের বাতি,

পড়েছে ডাক চলেছি আমি তাই।

সবারে আমি প্রণাম করে যাই।

Shivadas Ghoshal

49

My leave is granted, bid me farewell my brothers,

I leave after bowing and touching feet of all others.

I have returned the keys of my door,

I have no claim on the house any more.

From you all l need, kind words a few,

I will now leave, bowing to all of you.

For quite some time, I stayed as neighbor

Whatever I had given, taken more as favor.

With the day break, the night has gone,

Corner lamp went out which was on,

I am leaving now, there comes the call,

After bowing and touching feet of all.

Kolkata
03/02/2012

50

পথে যেতে ডেকেছিলে মোরে।

পিছিয়ে পড়েছি আমি, যাব যে কী করে?

এসেছে নিবিড় নিশি, পথরেখা গেছে মিশি—

সাড়া দাও, সাড়া দাও আঁধারের ঘোরে ॥

ভয় হয়, পাছে ঘুরে ঘুরে

যত আমি যাই তত যাই চলে দূরে—

মনে করি আছ কাছে, তবু ভয় হয়, পাছে

আমি আছি তুমি নাই কালি নিশিভোরে ॥

Shivadas Ghoshal

50

You had given me a call, when I was on my way,

I have fallen behind, how to go, I am in dismay.

The dark night has come; got the pathway merged in it,

Please reply, please respond, in this darkness frightfully knit.

I am too scared, lest by wandering in this way,

The more I try to move ahead, I keep moving away.

I do feel your nearness, yet I am scared to my bone

Lest, at dawn I find you are gone, and I am left alone!

Kolkata
11/01/2012

51

প্রেমের হাতে ধরা দেব তাই রয়েছি বসে

অনেক দেরী হয়ে গেল দোষী অনেক দোষে,

বিধি বিধান বাঁধন ডোরে, ধরতে আসে যাই যে সরে,

তার লাগি যা শাস্তি নেবার নেব মনের তোষে।

লোকে আমায় নিন্দা করে, নিন্দা সে নয় মিছে,

সকল নিন্দা মাথায় ধরে রব সবার নিচে.

শেষ হয়ে যে গেল বেলা,

ভাঙল বেচা কেনার মেলা,

ডাকতে যারা এসেছিল ফিরল তারা রোষে,

প্রেমের হাতে ধরা দেব তাই রয়েছি বসে।

51

I wish to surrender myself to love; hence I am here on wait,

I am at fault on several counts; I have also arrived too late.

With codes of destiny they come to arrest but I move away

Whatever punishment for that is ordered, I will gladly obey.

People do censure me, that blame is not falsely spun

With all abuses on my head, I'll stay below every one.

As the Sun is setting now; the day has closed its door,

Sale and purchase fair is over, business is no more.

Those who had come to call me, they have returned with anger,

I am here still on wait because, to love I wish to surrender.

Lucknow
13/02/2012

52

রাজপুরীতে বাজায় বাঁশি বেলাশেষের তান।

পথে চলি, শুধায় পথিক 'কী নিলি তোর দান' ॥

দেখাব যে সবার কাছে এমন আমার কী-বা আছে,

সঙ্গে আমার আছে শুধু এই কখানি গান ॥

ঘরে আমার রাখতে যে হয় বহু লোকের মন--অনেক বাঁশি, অনেক কাঁসি,

অনেক আয়োজন।বঁধুর কাছে আসার বেলায় গানটি শুধু নিলেম গলায়,

তারি গলার মাল্য ক'রে করব মূল্যবান।।

52

The flute plays in the palace the tune of end of the day!

I walk on the road, the passerby asks-'What gift, are you taking away?'

"What is so special do I have, which I can show to you?

All that I am carrying along with me are the songs, just a few!

In my house, there are so many people whom I have to cajole;

Many flutes, musical aids, I have many arrangements to play my role.

While coming to my darling I have taken, only songs in my voice-to deck,

These songs, I'll make them precious, putting as garland around her neck.

Kolkata
18/06/2012

53

সীমার মাঝে, অসীম, তুমি বাজাও আপন সুর।

আমার মধ্যে তোমার প্রকাশ তাই এত মধুর॥

কত বর্ণে কত গন্ধে, কত গানে কত ছন্দে,

অরূপ তোমার রূপের লীলায় জাগে হৃদয়পুর।

আমার মধ্যে তোমার শোভা এমন মধুর ।।

তোমায় আমায় মিলন হলে সকলি যায় খুলে-

বিশ্বসাগর ঢেউ খেলায়ে উঠে তখন দুলে।

তোমার আলোয় নাই তো ছায়া,

আমার মাঝে পায় সে কায়া,

হয় সে আমার অশ্রুজলে সুন্দরবিধুর

আমার মধ্যে তোমার শোভা এমন সুমধুর॥

53

Within limits you are boundless; you play the tune of your own,

Your manifestation within me is therefore in its sweetest tone.

In so many colors, in different smell,

In variety of songs and rhythms you dwell

Oh the Formless, display of your beauty

Rouses the heart to tweet,

Your charm that is pervading in me,

Is so incredibly sweet!

Everything unfolds itself, with me when you unite,

The universal ocean, raising waves, keeps swaying in delight.

There is no shadow in your light,

In me its body gets shape in full,

In my tears it becomes distressingly bright,

Your charm in me is so sweet and graceful.

Lucknow
02/02/2012

54

সে যে পাশে এসে বসেছিল তবু জাগিনী।

কি ঘুম তোরে পেয়েছিল হতভাগিনি।

এসেছিল নীরব রাতে

বীণা খানি ছিল হাতে

স্বপন মাঝে বাজিয়ে গেল গভীর রাগিনী।

জেগে দেখি দখিন হাওয়া পাগল করিয়া

গন্ধ তাহার ভেসে বেড়ায় আঁধার ভরিয়া।

কেন আমার রজনী যায়

কাছে পেয়ে কাছে না পায়,

কেন গো তার মালার পরশ বুকে লাগেনি।

54

He came and sat beside me, still I was fast asleep,

O the wretched woman you had, what a horrid sleep!

He had come in a silent night,

Lute in his hand was there alright,

In my dream he played the lute in *'ragas'* intensely deep.

Southern breeze was madly blowing, I just woke and found

Its fragrance was freely flowing, filling the darkness all around!

Why is my night passing away!

He comes quite close but does not stay,

Why his wreath did not touch my breast and give any bleep?

Oh the wretched woman you had, what a horrid sleep!

Kolkata
19/2/13

55

শুধু তোমার বাণী নয় গো, হে বন্ধু, হে প্রিয়
মাঝে মাঝে প্রাণে তোমার পরশখানি দিও।।
সারা পথের ক্লান্তি আমার সারা দিনের তৃষা,
কেমন করে মেটাব যে খুঁজে না পাই দিশা
এ আঁধার যে পূর্ণ তোমায় সেই কথা বলিয়ো।।
হৃদয় আমার চায় যে দিতে কেবল নিতে নয়,
বয়ে বয়ে বেড়ায় সে তার যা কিছু সঞ্চয়
হাত খানি ওই বাড়িয়ে আনো,
দাও গো আমার হাতে,
ধরব তারে, ভরব তারে, রাখব তারে সাথে,
একলা পথের চলা আমার করব রমণীয়।।

55

Not your maxim only, Oh dear friend, Oh my love,

Occasionally do touch my soul, that's what I wish to have.

This fatigue of long journey and the thirst of the entire day,

I know not how to satiate it; I could not find a way,

That your presence fills my darkness, this much you just say.

My heart also wishes to give, not always crave to take.

It keeps on carrying its entire savings, only for this sake.

Please bring forth that hand of yours,

And you give it to me

I will hold it; I will fill it, with me only it will be;

My lonesome walk on the lonely road, I will then make delightfully.

Kolkata
7/12/2011

56

সংসারেতে আর যাহারা আমায় ভালবাসে

তারা আমায় রজনীদিন বাঁধে কঠিন পাশে।

তোমার প্রেম যে সবার বাড়া

তাই তোমারি নূতন ধারা

বাঁধ নাক, লুকিয়ে থাক্,

ছেড়ে রাখ দাসে।

আর সকলে, ভুলি পাছে তাই রাখেনা একা

দিনের পরে কাটে যে দিন

তোমারি নেই দেখা।

তোমায় ডাকি নাই বা ডাকি,

যা খুসি তাই নিয়ে থাকি,

তোমার খুসি চেয়ে আছে

আমার খুসির আশে।

Shivadas Ghoshal

56

Others, who love me on this earth, those people you will find,

Day and night with a sturdy rope, me they will always bind.

As your love is of highest order

That is why you have this novel source!

You do not bind, yourself you hide,

And let freely move this slave of yours!

Lest I forget, others will not leave me here alone,

Though day after day is passing away,

You will not let your face to be shown.

Whether you are there or not in my prayer,

I live with things, that I wish and care;

Your happiness still is awaiting my rejoice

Expecting my happiness will get aligned.

Kolkata
25/05/12

57

সুন্দর বটে তব অঙ্গদখানি
তারায় তারায় খচিত,
স্বর্ণে রত্নে শোভন লোভন জানি
বর্ণে বর্ণে রচিত।
খড়্গ তোমার আরো মনোহর লাগে
বাঁকা বিদ্যুতে আঁকা সে,
গরুড়ের পাখা রক্ত রবির রাগে
যেন গো অস্ত আকাশে।
জীবন শেষের শেষ জাগরণ মম
ঝলসিছে মহা বেদনা –
নিমেষে দহিয়া যাহা কিছু আছে মম
তীব্র ভীষণ চেতনা।
সুন্দর বটে তব অঙ্গদ খানি
তারায় তারায় খচিত –
খড়গ তোমার, হে দেব বজ্রপাণি,
চরম শোভায় রচিত।

 Shivadas Ghoshal

57

This star studded bracelet of your

Oh Lord it is indeed exquisite

With gold and gems it does allure

It is charming in every bit of it.

Your sword looks more fascinating one,

As it is wrought in curves of lightning,

Wings of *'Garud'*, look like blood red Sun,

In the sky, when the sun is setting

My last awakening, before the life ends,

Dazzles me with pain intense,

Burns all that I have in the flash it sends-

Oh my terribly powerful conscience!

Your bracelet is beautiful no wonder,

Wonderful starry gems are studded

The scimitar of yours O Lord of thunder,

With charming radiance it is created

Kolkata
12/12/2012

58

তাই তোমার আনন্দ আমার পর–
তাই এসেছো নীচে–
আমায় নইলে ত্রিভুবনেশ্বর,
তোমার প্রেম হত যে মিছে।
আমায় নিয়ে মেলেছ এই মেলা
আমার হিয়ায় চল্‌চে রসের খেলা
মোর জীবনে বিচিত্র রাগ ধরে
তোমার ইচ্ছা তরঙ্গিছে।
তাই ত তুমি রাজার রাজা হয়ে
তবু আমার হৃদয় লাগি
ফিরব কত মনোহরণ বেশে-
প্রভু নিত্য আছ জাগি।
তাই ত প্রভু যেথায় এলে নেমে
তোমারি প্রেম ভক্ত প্রাণের প্রেমে
মুক্তি তোমার যুগল সম্মিলনে
সেথায় পূর্ণ প্রকাশিছে।

58

Because of your love for me, you are happy,

Hence you have come down to me,

Without me Oh Lord of three worlds,

Untrue your love will be.

You have organized this earthly fair, taking me,

Game of love is going on, in my heart I could see.

In strange musical modes, in my life

Heaving waves of your desires is in rife.

Hence, you being the king of all kings,

Still, for my heart's sake,

How long will I roam in this dress alluring?

My Lord, you are always awake.

That is why my lord you have come down to such a place,

Where, your love enters your devotee's heart, by your grace!

This dual union between you and your devotee as it grows

Complete salvation is only there, that is what it shows.

Kolkata
25/05/12

59

তব কাছে এই মোর শেষ নিবেদন–

সকল ক্ষীণতা মম করহ ছেদন

দৃঢ়বলে অন্তরের অন্তর হইতে,

প্রভু মোর। বীর্য দেহো সুখের সহিতে,

সুখেরে কঠিন করি। বীর্য দেহো দুখে,

যাহে দুঃখ আপনারে শান্তস্মিতমুখে,

পারে উপেক্ষিতে। ভকতিরে বীর্য দেহ

কর্মে যাহে হয় সে সফল, প্রীতি স্নেহ

পুণ্য উঠে ফুটি। বীর্য দেহো ক্ষুদ্রজনে

না করিতে হীনজ্ঞান, বলের চরণে

না লুটিতে। বীর্য দেহো চিত্তেরে একাকী

প্রত্যহের তুচ্ছতার ঊর্ধ্বে দিতে রাখি।

বীর্য দেহো তোমার চরণে পাতি শির

অহর্নিশি আপনারে রাখিবারে স্থির

59

This is my last prayer to Thee,

Crush all my infirmities I have in me,

From the heart of my heart; with your strong hands!

Give that strength in me my Lord, that my happiness I may stand,

Making it hard to bear my Lord, give me the strength in grief,

That it may coolly ignore the sorrow and joy it may retrieve.

Give strength to my devotion so that it does well in its deed

Blossoms love and affection from that virtuous seed.

Give me the strength so that poor I may not disown

Never to bow at the feet of one who is mighty borne.

Give me the strength that I may keep my mind away

Above all the trifling matters that we face every day

Give me strength my Lord I place my head on your feet

So that throughout the day and night, myself, calm I keep.

Kolkata
19/8/2012

60

তব রবিকর আসে কর বাড়াইয়া

এ আমার ধরণীতে

সারাদিন দ্বারে রহে কেন হাঁড়াইয়া

কি আছে কি চায় নিতে।

রাতের আঁধারে ফিরে যায় যবে, জানি

নিয়ে যায় বহি মেঘ- আবরণ খানি,

নয়নের জলে রচিত ব্যাকুল বাণী

খচিত ললিত গীতে।

নব নব রূপে বরণে বরণে ভরি

বুকে লহ তুলে সেই মেঘ- উত্তরী।

লঘু সে চপলকোমলশ্যামল কালো

হে নিরঞ্জন তাই বাস তারে ভালো

তারে দিয়ে তুমি ঢাক আপনার আলো

সকরুণ ছায়া মাটিতে।

60

Your sunbeam comes with outstretched hands

Upon my earth, and for that sake,

Throughout the day why at the door it stands,

What is there, what it wants to take!

In the darkness of night when it returns I know

It carries away the screen of cloud in it's stow;

Perplexing messages created in tears,

Bedecked with pleasing songs to cheer,

Different forms and colors, in it you shroud

Then pull up to your chest that stole of cloud.

It is small and thrifty soft and black extreme,

That is why you love it O the Supreme.

With that you conceal the light of yours,

And compassionate shadow on the earth's floor.

Kolkata
27/3/13

61

তব সিংহাসনের আসন হতে এলে তুমি নেমে

মোর বিজন ঘরের দ্বারের কাছে

দাঁড়ালে নাথ থেমে।।

একলা বসে আপন মনে গাইতেছিলাম গান।

তোমার কানে গেল সে সুর

এলে তুমি নেমে ।

তোমার সভায় কতনা গান

কতই আছে গুণী,

গুণহীনের গান খানি আজ বাজল তোমার প্রেমে।

লাগল সকল তানের মাঝে একটি করুণ সুর,

হাতে লয়ে বরণমালা এলে তুমি নেমে?

মোর বিজন ঘরের দ্বারের কাছে দাঁড়ালে নাথ থেমে।।

Shivadas Ghoshal

61

You have come down from the throne, leaving the seat of your

And you stopped O my Lord, at my lonely cottage door.

Sitting alone in a corner I was singing to myself,

Hearing that melody you came down leaving the seat of your.

And you stopped, O my Lord, at my lonely cottage door.

So many songs and worthy people

Are there in your assembly hall,

Your love has taken to heart today

The song of a person of no worth at all;

Only one plaintive tune has touched you out of the tuning galore,

You came down with a welcome wreath in the hands of your?

And you stopped O my Lord, at my lonely cottage door.

Kolkata
18/12/2012

62

তোমার সোনার থালায় সাজাব আজ

দুখের অশ্রুধার।

জননী গো গাঁথব তোমার

গলার মুক্তাহার।

চন্দ্রসূর্য পায়ের কাছে

মালা হয়ে দাঁড়িয়ে আছে,

তোমার বুকে শোভা পাবে আমার

দুখের অলঙ্কার ।

ধন ধান্য তোমারি ধন

কি করবে তা কও

দিতে চাও ত দিও আমায়,

নিতে চাও ত লও।

দুঃখ আমার ঘরের জিনিস,

খাঁটি রতন তুই ত চিনিস-

তোর প্রসাদ দিয়ে তারে কিনিস,

এ মোর অহংকার

62

Your golden dish, today I'll deck,

With my sorrowful drops of tear,

Chain of pearls for your neck,

I shall wreath O Mother dear.

Moon and Sun near your feet,

Are standing as garland over here,

My ornaments of misery will be a treat

It will sway on your chest as gear

Money and grain these wealth are yours,

What you want to do you tell,

If you wish, you can give it to me of course,

If you wish to take you may take, as well.

Misery is the thing that belongs to me,

Precious stones you do recognize,

With your grace that misery is purchased by Thee,

This is my pride and that is my prize.

Kolkata
26/05/12

63

তোমার নয়ন আমায় বারে বারে

বলেছে গান গাহিবারে ॥

ফুলে ফুলে তারায় তারায়

বলেছে সে কোন্ ইশারায়

দিবস- রাতির মাঝ- কিনারায়

ধূসর আলোয় অন্ধকারে।

গাই নে কেন কী কব তা,

কেন আমার আকুলতা- -

ব্যথার মাঝে লুকায় কথা,

সুর যে হারাই অকূল পারে ॥

Continued in (II) . . .

63

Eyes of yours again and again,

Asked me to sing, some songs in vain!

Flower after flower, star after star

Asked with hints from near and far!

At the middle and the edge of days and nights

In the realm of darkness and in fading light,

Why I don't sing, what would I say?

Why are my anxiety and this dismay!

Words get veiled in the pain I store,

Tunes get lost in the boundless shore.

Continued in (II) . . .

(II)

যেতে যেতে গভীর স্রোতে

ডাক দিয়েছ তরী হতে।

ডাক দিয়েছ ঝড়-তুফানে

বোবা মেঘের বজ্রগানে,

ডাক দিয়েছ মরণপানে,

শ্রাবণ রাতের উতল ধারে।।

যাই নে কেন জান না কি—

তোমার পানে মেলে আঁখি

কূলের ঘাটে বসে থাকি,

পথ কোথা পাই পারাবারে ॥

(II)

Rowing through the turbulent and rough water course

You gave me a call from the boat of yours.

You had called me in gale and in storm,

Through the dumb cloud's thunderous song!

Towards the death was the call of your.

In this rainy night's incessant down pour!

But I could not go, don't you know why?

Gazing at you with my wide open eyes,

I just keep sitting at the shore on the quay,

Wondering on this ocean where to find my way!

Lucknow
13/03/2012

64

তোমার সুরের ধারা ঝরে যেথায় তারি পারে

দেবে কি গো বাসা আমায় একটি ধারে?

আমি শুনব ধ্বনি কানে,

আমি ভরব ধ্বনি প্রাণে,

সেই ধ্বনিতে চিত্তবীণা তার বাঁধিব বারে বারে ॥

আমার নীরব বেলা সেই তোমারি সুরে সুরে

ফুলের ভিতর মধুর মতো উঠবে পুরে।

আমার দিন ফুরাবে যবে,

যখন রাত্রি আঁধার হবে,

মোর গানের তারা উঠবে ফুটে সারে সারে॥

64

Where falls the spring of your melody

On its shore if you find it fit

Some place to lodge will you give me,

On just one side of it?

I will perceive the sound with my ear

In my heart I will fill that sound `

With that sound attune my heart's lyre

Again and again its string will be wound

Only your tune and melody of yours,

Will fill my silent hours,

Just as honey enters the core,

And then it fills the flower.

When my day comes to an end

And night gets darker as it grows,

Stars of my songs in the firmament,

Will then appear in rows!

Lucknow
01/03/2012

65

তোরা শুনিসনি কি শুনিসনি তার

পায়ের ধ্বনি?

ঐ যে আসে আসে আসে

যুগে যুগে পলে পলে দিন রজনী

সে যে আসে আসে আসে।

আমি গেয়েছি গান যখন যত

আপন মনে ক্ষ্যাপার মত –

সকল সুরে বেজেছে তার আগমনী–

সে যে আসে আসে আসে।

65

Didn't you hear, didn't you hear his stepping sound!

There He is coming, coming, coming.

Every age, every moment, every day and night is wound

He is coming, coming, coming.

As many songs as and when,

I sang to myself like insane,

Every tune has been playing his welcome song around

He is coming, coming, coming.

Continued in (II) . . .

(II)

কত কালের ফাগুন দিনে

বনের পথে

সে যে আসে আসে আসে,

কত শ্রাবণ অন্ধকারে, মেঘের রথে

সে যে আসে আসে আসে।

দুখের পরে পরম দুখে

তারি চরণ বাজে বুকে

সুখে কখন বুলিয়ে সে দেয়

পরশ মণি

সে যে আসে আসে আসে।

Shivadas Ghoshal

(II)

On several hot and sunny days, through the forest pathways

He is coming, coming, coming.

In his chariot of thick clouds on several dark and rainy days

He is coming, coming, coming

After sorrow in intense grief

His feet on my chest give relief.

While in happiness it will not be known,

When He rubs his touch stone!

He is coming, coming, coming.

Lucknow
23/3/13

66

তুমি একটু কেবল বসতে দিও কাছে

আমায় শুধু ক্ষণেক তরে।

আজি হাতে আমার যা কিছু কাজ আছে

আমি সাঙ্গ করব পরে।

না চাহিলে তোমার মুখ পানে,

হৃদয় আমার বিরাম নাহি জানে,

কজের মাঝে ঘুরে বেড়াই যত

ফিরি কূলহারা সাগরে।

বসন্ত আজ উচ্ছ্বাসে নিশ্বাসে

এলো আমার বাতায়নে।

অলস ভ্রমর গুঞ্জরিয়া আসে

ফেরে কুঞ্জের প্রাঙ্গণে।

আজকে শুধু একান্তে আসীন

চোখে চোখে চেয়ে থাকার দিন

আজকে জীবন সমর্পণের গান,

গাব নীরব অবসরে

66

For momentary indulgence, to you I pray,

By your side few moments allow me to sit,

Works whatsoever are in my hands today,

At some other time I shall finish it.

If I do not look at your face,

My heart will always be in race;

In between my work, the more I am roving,

On the shore-less sea I keep on roaming.

Today at my window summer has come,

With its exuberant murmuring strove,

The idle hornet comes with its hum,

Keeps wandering around the grove!

Today is the day only to sit in seclusion,

Looking eye to eye with no ardent measure,

Today, the song of life-dedication,

I will sing in this silent leisure.

Kolkata
12/2/2013

67

তুমি যে সুরের আগুন লাগিয়ে দিলে মোর প্রাণে,
এ আগুন ছড়িয়ে গেল সব খানে॥
যত সব মরা গাছের ডালে ডালে
নাচে আগুন তালে তালে রে,
আকাশে হাত তোলে সে কার পানে ॥
আঁধারের তারা যত অবাক্ হয়ে রয় চেয়ে,
কোথাকার পাগল হাওয়া বয় ধেয়ে।
নিশীথের বুকের মাঝে এই-যে অমল
উঠল ফুটে স্বর্ণকমল,
আগুনের কী গুণ আছে কে জানে ॥

67

The fire of melody that you have set in my heart as plume,

This fire has spread at all places along with its fume.

On all the branches of the dead trees

Fire is dancing in musical beats,

Towards the sky it raises its hands for whom?

All the stars of the dark sky keep staring speechlessly!

Where from this madding wind comes gushing ceaselessly,

In the midst of the bosom of the night's fold,

There blooms this stainless lotus of gold.

Who knows the assets of fire when in zoom?

Lucknow
20/02/2012

68

তুমি যখন গান গাহিতে বল,

গরব আমার ভরে ওঠে বুকে।

দুই আঁখি মোর করে ছল ছল

নিমেষ হারা চেয়ে তোমার মুখে।

কঠিন কটু যা আছে মোর প্রাণে,

গলিতে চায় অমৃতভরা গানে,

সব সাধনা আরাধনা মম,

উড়িতে চায় পাখীর মত সুখে।

তৃপ্ত তুমি আমার গীত রাগে,

ভাল লাগে তোমার ভাল লাগা,

জানি আমি এই গানেরি বলে,

বসি গিয়ে তোমার সম্মুখে ।

মন দিয়ে যার নাগাল নাহি পাই,

গান দিয়ে সেই চরণ ছুঁয়ে যাই,

সুরের ঘোরে আপনারে যাই ভুলে,

বন্ধু বলে ডাকি মোর প্রভুকে

68

When you ask me to sing,

Pride fills my heart and my inner space

In both the eyes tears will be lapping

When my unblinking eyes stare at your face,

What ever bitter and hard feeling my heart has in store

It wishes to melt into the song with nectar filled to its core.

All my adoration, my worship and my prayer,

Wishes to fly delightfully as a bird in the air!

You are pleased with my song and its musical mode,

I have liked this liking of yours that you have exposed.

On this strength of my song I do very well know,

I'll get to sit in front of you as and when I go.

One who is not reachable even in my thought;

With my song I touch his feet when I wish to resort.

Inebriated by the melody, I would forget myself,

In that phase, as 'friend' I will address my Lord himself!

Kolkata
26/04/2012

69

তুমি কেমন করে গান কর হে গুণী,

আমি অবাক হয়ে শুনি,   কেবল শুনি।।

সুরের আলো ভুবন ফেলে ছেয়ে,

সুরের হাওয়া চলে গগন বেয়ে,

পাষাণ টুটে ব্যাকুল বেগে ধেয়ে

বহিয়া যায় সুরের সুরধুনী।।

মনে করি অমনি সুরে গাই,

কণ্ঠে আমার সুর খুঁজে না পাই।

কইতে কী চাই কইতে কথা বাধে-

হার মেনে যে পরান আমার কাঁদে,

আমায় তুমি ফেলেছ কোন্‌ ফাঁদে

চৌদিকে মোর সুরের জাল বুনি।।

69

Oh the virtuous, how do you sing?

Amazingly, I just keep on listening!

The beam of tune that spreads,

Over the earth's every crease,

Leaning over the blue sky,

Blows the melodious breeze;

In rock-break speed frantically blowing,

Holy stream of that tune, just keeps on flowing.

To sing in that melody, I did have in mind

But that tune in my voice, I could not find.

I feel shy to speak it out what I wish to say,

Getting defeated makes my heart weep in dismay.

What a trap you have laid that has ensnared me,

By creating all around myself network of melody!

Kolkata
11/12/2011